Learn Dutch with Knight Stories

HypLern Interlinear Project
www.hyplern.com

Second edition: 2025, May

Author: Joseph Cohen
Translation: Kees van den End
Foreword: Camilo Andrés Bonilla Carvajal PhD

ISBN: 978-1-988830-23-0

kees@hyplern.com
www.hyplern.com

Learn Dutch with Knight Stories

Interlinear Dutch to English

Author
Joseph Cohen

Translation
Kees van den End

HypLern Interlinear Project
www.hyplern.com

The HypLern Method

Learning a foreign language should not mean leafing through page after page in a bilingual dictionary until one's fingertips begin to hurt. Quite the contrary, through everyday language use, friendly reading, and direct exposure to the language we can get well on our way towards mastery of the vocabulary and grammar needed to read native texts. In this manner, learners can be successful in the foreign language without too much study of grammar paradigms or rules. Indeed, Seneca expresses in his sixth epistle that "Longum iter est per praecepta, breve et efficax per exempla[1]."

The HypLern series constitutes an effort to provide a highly effective tool for experiential foreign language learning. Those who are genuinely interested in utilizing original literary works to learn a foreign language do not have to use conventional graded texts or adapted versions for novice readers. The former only distort the actual essence of literary works, while the latter are highly reduced in vocabulary and relevant content. This collection aims to bring the lively experience of reading stories as directly told by their very authors to foreign language learners.

Most excited adult language learners will at some point seek their teachers' guidance on the process of learning to read in the foreign language rather than seeking out external opinions. However, both teachers and learners lack a general reading technique or strategy. Oftentimes, students undertake the reading task equipped with nothing more than a bilingual dictionary, a grammar book, and lots of courage. These efforts often end in frustration as the student builds mis-constructed nonsensical sentences after many hours spent on an aimless translation drill.

Consequently, we have decided to develop this series of interlinear translations intended to afford a comprehensive edition of unabridged texts. These texts are presented as they were originally written with no changes in word choice or order. As a result, we have a translated piece conveying the true meaning under every word from the original work. Our readers receive then two books in just one volume: the original version and its translation.

The reading task is no longer a laborious exercise of patiently decoding unclear and seemingly complex paragraphs. What's more, reading becomes an enjoyable and meaningful process of cultural, philosophical and linguistic learning. Independent learners can then acquire expressions and vocabulary while understanding pragmatic and socio-cultural dimensions of the target language by reading in it rather than reading about it.

Our proposal, however, does not claim to be a novelty. Interlinear translation is as old as the Spanish tongue, e.g. "glosses of [Saint] Emilianus", interlinear bibles in Old German, and of course James Hamilton's work in the 1800s. About the latter, we remind the readers, that as a revolutionary freethinker he promoted the publication of Greco-Roman classic works and further pieces in diverse languages. His effort, such as ours, sought to lighten the exhausting task of looking words up in large glossaries as an educational practice: "if there is any thing which fills reflecting men with melancholy and regret, it is the waste of mortal time, parental money, and puerile happiness, in the present method of pursuing Latin and Greek[2]".

Additionally, another influential figure in the same line of thought as Hamilton was John Locke. Locke was also the philosopher and translator of the Fabulae AEsopi in an interlinear plan. In 1600, he was already suggesting that interlinear texts, everyday communication, and use of the target language could be the most appropriate ways to achieve language learning:

> ...the true and genuine Way, and that which I would propose, not only as the easiest and best, wherein a Child might, without pains or Chiding, get a Language which others are wont to be whipt for at School six or seven Years together...[3]

---

1   "The journey is long through precepts, but brief and effective through examples". Seneca, Lucius Annaeus. (1961) Ad Lucilium Epistulae Morales, vol. I. London: W. Heinemann.

2   In: Hamilton, James (1829?) History, principles, practice and results of the Hamiltonian system, with answers to the Edinburgh and Westminster reviews; A lecture delivered at Liverpool; and instructions for the use of the books published on the system. Londres: W. Aylott and Co., 8, Pater Noster Row. p. 29.

3   In: Locke, John. (1693) Some thoughts concerning education. Londres: A. and J. Churchill. pp. 196-7.

Who can benefit from this edition?

We identify three kinds of readers, namely, those who take this work as a search tool, those who want to learn a language by reading authentic materials, and those attempting to read writers in their original language. The HypLern collection constitutes a very effective instrument for all of them.

1. For the first target audience, this edition represents a search tool to connect their mother tongue with that of the writer's. Therefore, they have the opportunity to read over an original literary work in an enriching and certain manner.

2. For the second group, reading every word or idiomatic expression in its actual context of use will yield a strong association between the form, the collocation, and the context. This will have a direct impact on long term learning of passive vocabulary, gradually building genuine reading ability in the original language. This book is an ideal companion not only to independent learners but also to those who take lessons with a teacher. At the same time, the continuous feeling of achievement produced during the process of reading original authors both stimulates and empowers the learner to study[1].

3. Finally, the third kind of reader will notice the same benefits as the previous ones. The proximity of a word and its translation in our interlinear texts is a step further from other collections, such as the Loeb Classical Library. Although their works might be considered the most famous in this genre, the presentation of texts on opposite pages hinders the immediate link between words and their semantic equivalence in our native tongue (or one we have a strong mastery of).

---

1 Some further ways of using the present work include:

1. As you progress through the stories, focus less on the lower line (the English translation). Instead, try to read through the upper line, staying in the foreign language as long as possible.

2. Even if you find glosses or explanatory footnotes about the mechanics of the language, you should make your own hypotheses on word formation and syntactical functions in a sentence. Feel confident about inferring your own language rules and test them progressively. You can also take notes concerning those idiomatic expressions or special language usage that calls your attention for later study.

3. As soon as you finish each text, check the reading in the original version (with no interlinear or parallel translation). This will fulfil the main goal of this

collection: bridging the gap between readers and original literary works, training them to read directly and independently.

Why interlinear?

Conventionally speaking, tiresome reading in tricky and exhausting circumstances has been the common definition of learning by texts. This collection offers a friendly reading format where the language is not a stumbling block anymore. Contrastively, our collection presents a language as a vehicle through which readers can attain and understand their authors' written ideas.

While learning to read, most people are urged to use the dictionary and distinguish words from multiple entries. We help readers skip this step by providing the proper translation based on the surrounding context. In so doing, readers have the chance to invest energy and time in understanding the text and learning vocabulary; they read quickly and easily like a skilled horseman cantering through a book.

Thereby we stress the fact that our proposal is not new at all. Others have tried the same before, coming up with evident and substantial outcomes. Certainly, we are not pioneers in designing interlinear texts. Nonetheless, we are nowadays the only, and doubtless, the best, in providing you with interlinear foreign language texts.

Handling instructions

Using this book is very easy. Each text should be read at least three times in order to explore the whole potential of the method. The first phase is devoted to comparing words in the foreign language to those in the mother tongue. This is to say, the upper line is contrasted to the lower line as the following example shows:

Een	dienaar	naderde	de	jonge,	blonde	ridder,	en
A	servant	approached	the	young	blond	knight	and

fluisterde.
whispered

The second phase of reading focuses on capturing the meaning and sense of the original text. As readers gain practice with the method, they should be able to focus on the target language without getting distracted by the translation. New users of the method, however, may find it helpful to cover the translated lines with a piece of paper as illustrated in the image below. Subsequently, they try to understand the meaning of every word, phrase, and entire sentences in the target language itself, drawing on the translation only when necessary. In this phase, the reader should resist the temptation to look at the translation for every word. In doing so, they will find that they are able to understand a good portion of the text by reading directly in the target language, without the crutch of the translation. This is the skill we are looking to train: the ability to read and understand native materials and enjoy them as native speakers do, that being, directly in the original language.

| Een | dienaar | naderde | de | jonge, | blonde | ridder, | en |
| A | servant | | | | | | and |

fluisterde.
whispered

In the final phase, readers will be able to understand the meaning of the text when reading it without additional help. There may be some less common words and phrases which have not cemented themselves yet in the reader's brain, but the majority of the story should not pose any problems. If desired, the reader can use an SRS or some other memorization method to learning these straggling words.

| Een | dienaar | naderde | de | jonge, | blonde | ridder, | en |

fluisterde.

Above all, readers will not have to look every word up in a dictionary to read a text in the foreign language. This otherwise wasted time will be spent concentrating on their principal interest. These new readers will tackle authentic texts while learning their vocabulary and expressions to use in further communicative (written or oral) situations. This book is just one work from an overall series with the same purpose. It really helps those who are afraid of having "poor vocabulary" to feel confident about reading directly in the language. To all of them and to all of you, welcome to the amazing experience of living a foreign language!

Additional tools

Check out shop.hyplern.com or contact us at info@hyplern.com for free mp3s (if available) and free empty (untranslated) versions of the eBooks that we have on offer.

For some of the older eBooks and paperbacks we have Windows, iOS and Android apps available that, next to the interlinear format, allow for a pop-up format, where hovering over a word or clicking on it gives you its meaning. The apps also have any mp3s, if available, and integrated vocabulary practice.

Visit the site hyplern.com for the same functionality online. This is where we will be working non-stop to make all our material available in multiple formats, including audio where available, and vocabulary practice.

Table of Contents

Chapter   Page

Jan van Arkel
Jan of Arkel

JAN VAN ARKEL
Jan   of   Arkel

De burgers van Gorinchem rebelleerden tegen Jan
The citizens of Gorinchem rebelled against Jan

de Achtste van Arkel, maar deze lachte daarover,
the Eight of Arkel but this (one) laughed there about
about that

ondanks dat zijn dienaren bezorgd keken.
although -that- his servants worried looked

"En als ze oprukken, om uw slot te belegeren?"
And if they march up for your castle to lay siege to

vroegen ze. "De woede van het volk is niet te
asked they The anger of the people is not to

stuiten!"
stop

"Ze komen niet naar het kasteel toe!" antwoordde
They come not to the castle -to- answered

de graaf overmoedig. De dienaren geloofden hem
the count over-brave The servants believed him
(overconfident)

niet. "We zullen alles nakijken", zeiden ze,
not We shall everything after-check said they
double-check

"brug en muur en gracht, zodat we veilig zijn."
bridge and wall and moat so that we safe are

De graaf bemerkte wel, dat ze hem niet
The count noticed well that they him not
did notice

geloofden. Hoe konden anderen zijn trots voelen?
believed How could others his pride feel

"Jullie zullen de burgers van Gorinchem hier nooit
You shall the citizens of Gorinchem here never

zien, heb ik je gezegd", zo merkte hij
see have I you told thus remarked he
remarked

op een keer op. "Maar ik zal integendeel naar
on one time -on- But I shall on the contrary to
once remarked

de burgers van Gorinchem gaan."
the citizens of Gorinchem go

"Doe het niet. We kunnen even goed een muur
Do it not We can just as well a wall
　Don't do it

afbreken, de grachten dempen, als u naar ze
break down the moats fill in as you to them

toe laten gaan!"
-to- let go

"Jullie hoeven nergens bang voor te zijn", hernam
You have nothing afraid for to be re-took
　　　　　　　　　　to be afraid of continued

Jan van Arkel hoogmoedig.
Jan of Arkel haughtily

Stralend als de zon, die zijn tocht aanvangt, zo
Beaming like the sun which its journey begins so
Shining

begaf hij zich de volgende morgen op weg.
set off he himself the next morning on (the) road

Onafwendbaar. Vonken van gloed spatten hem uit
Unstoppable Sparks of glow splashed him from
　　　　　　　　　　　　flashed

't harnas. En hij reed tot aan de poort van de
the armor And he rode up to the gate of the

stad.
town

De burgers waren verwonderd over zijn moed,
The citizens were surprised about his courage

want hij reed alleen. Ze vreesden een list. Zou
because he rode alone They feared a trick Would

zijn geleide hem niet volgen? Ze speurden
his escort him not follow they looked searching

over de weg. Tot in de wijde omtrek viel er
over the road To in the wide surroundings fell there
      Up to   was

geen mens te bekennen.
no human to admit
          notice

Trots reed hij de poort binnen, en hij gaf
Proud rode he the gate into and he gave
                             delivered

zich aan hun macht over. Ze stroomden
himself to their power over They streamed
                   -          flocked

te samen, en keken naar hem op, verwonderd als
to together and looked to him up surprised as
  together

kinderen over iets wat ze nog nooit gezien
children about something what they still never seen
that

hebben. En toen begonnen ze te mompelen.
have And then began they to mutter

"Zullen we hem niet gevangen nemen of doden?
Shall we him not imprisoned take or kill
as prisoner

Zou hij niets weten van onze ontevredenheid?
Would he nothing know of our discontent

Als wij hem nu eens dwongen, onze eisen
If we him now once force our demands

in te willigen?"
in to grant
to grant

Jan de Achtste van Arkel zweeg en hij
Jan the Eight of Arkel kept silent and he

glimlachte. Hij leek meer op een vorst, die zijn
smiled He looked more on a ruler who his
like

goede volk bezoekt dan op een bedreigd man,
good people visits than on a threatened man
like

wiens leven van één enkel gebaar of woord kan
whose life from one single gesture or word can

afhangen. Hij deed, of hij de somberheid der
depend He did (as) if he the somberness of the
acted

gezichten niet bemerkte, en zachtjes klopte hij het
faces not noticed and softly patted he the

paard tegen de nek.
horse against the neck

Plotseling liet hij het dier stilhouden. Men zag,
Suddenly let he the animal still-hold One saw
stop They

dat hij naar een balk keek, die boven zijn hoofd
that he at a beam looked which over his head
up to

hing. Hij strekte zijn armen uit, en zijn handen
hung He stretched his arms out and his hands

omvatten het hout. Allen wachtten af, wat er
grabbed around the wood All waited -off- what there

gebeuren zou. Toen richtte hij zich iets op,
happen would Then rose he himself a little up

maar zijn knieën drukten tegelijkertijd in de
but   his   knees   pressed   at the same time   in   the

flanken van zijn ros.
flanks   of   his   steed

Toen trok hij zich zo met zijn paard en al
Then   pulled   he   himself   so   with   his   horse   and   all
like that

omhoog, zodat de poten van het dier ver boven
up   so that   the   paws   of   the   animal   far   above
legs

de begane grond hingen, ja, zo persten de
the   gone over   ground   hung   yes   so   pressed   the
walking level

knieën des ridders, dat het ros van benauwdheid
knees   of the   knight   that   the   steed   from   being choked

zijn ogen verdraaide en zijn tong uitstak.
its   eyes   turned   and   its   tongue   extended

Hierna liet hij zich weer rustig zakken. Het
Here-after   let   he   himself   again   calmly   descend   The
Then

paard stond heel kalm, Jan van Arkel streelde het
horse   stood   very   calm   Jan   of   Arkel   stroked   it

over de nek. Hij zei geen enkel woord.
over the neck He said not (a) single word

De burgers bleven op de plaats staan, waar zij
The citizens remained on the spot stand(ing) where they

stonden. Wie dacht nog aan verzet? Alle mannen
stood Who thought still on resistance All men
of

ontblootten het hoofd, ten teken van
bared the head to the sign of
as

onderdanigheid, alle vrouwen maakten een
submission all women made a

halve buiging. En Jan van Arkel verliet de stad als
half bow And Jan of Arkel left the town as
curtsy

een gehuldigd veldheer; in zijn kasteel vertelde hij,
a celebrated field-lord in his castle told he
general

dat men niet bang voor de burgers van Gorinchem
that one not afraid for the citizens of Gorinchem
they of

hoefde te zijn.
needed to be

Hij glimlachte en zei: "Het is de gewoonte van
He smiled and said It is the habit of

kippen niet, dat zij de vos aanvallen!"
chickens not that they the fox attack

Emma van Haarlem
Emma of Haarlem

EMMA VAN HAARLEM
Emma of Haarlem

Op het slot van Haarlem woonde een slecht en
At the castle of Haarlem lived an evil and

wreed ridder, die door het volk werd gehaat,
cruel knight who by the people was hated

maar door zijn vrouw bemind. Want een mens
but by his wife loved Because a human

kan liefhebben zonder zich af te vragen wie hij
can love without oneself off to ask who he
to wonder

of zij nu eigenlijk liefheeft. En hoewel de ridder
or she now actually loves And although the knight

iedereen tegen zich in het harnas joeg, was hij
everyone against himself in the armor chased was he
made into an enemy

liefdevol tegen zijn vrouw.
full of love to his wife

Emma van Haarlem wist wel, dat iedereen haar
Emma of Haarlem knew indeed that everyone her

man haatte, en ze wist ook wel, dat het niet
husband hated and she knew also indeed that it not

voor niks was. Het volk moest heel veel van
for nothing was The people must very much from

hem dulden, en hij bleef de mensen vertreden en
him tolerate and he kept the people tread(ing) on and

vertrappen. Hij meende, dat zijn macht eeuwig
crush(ing) He believed that his power eternally

zou duren, als hij maar genoeg angst zaaide. Hij
would last if he just enough fear sowed He

roofde en moordde en brandde. Ja, hij was zo
robbed and murdered and burned Yes he was so
as

wreed als een roofdier in het doden, en als een
cruel as a predator in the killing and like a

mens liet hij de andere mensen doelloos lijden.
human let he the other humans aimlessly suffer

Het volk morde. De mannen hielden hun ogen
The people muttered The men kept their eyes

neergeslagen, als ze de ridder ontmoetten, en
cast down if they the knight met and

geen der arme boeren vergat het om zijn hoofd
none of the poor farmers forgot it -for- his head
their

te ontbloten, ten teken, dat ze hun haren kort
to bare to the sign that they their hair short
as

droegen. Hij keek over hun gebogen ruggen, en
carried He looked over their bent backs and

leek niet te voelen hoe gespannen deze waren
seemed not to feel how tense these were

en het zachte boze gemompel dat
and the soft angry muttering that

er onder vandaan kwam. De tiran greep de
there under from came The tyrant gripped the
from down there

teugels van zijn paard vaster beet, en vervolgde
reins of his horse tighter fast and continued

zijn weg.
his road

De ontevredenheid smeulde voort en vlamde op,
The dissatisfaction smoldered on and fired up

zonder dat de burchtheer het bemerkte. Hij
without that the castle-lord it noticed He

bleef een genadeloos man en eindelijk begreep
remained a merciless man and finally understood

men, dat niemand voor hem veilig was. Men
one that nobody for him safe was One
the people from They

liep te wapen, toen hij op zijn kasteel toefde.
walked to arm(s) when he at his castle resided
went

Het arme volk belegerde de trotse burcht en
The poor people laid siege to the proud castle and

er was geen hulp voor de slechte ridder, die
there was no help for the evil knight who

bang werd om de macht van het gepeupel. Maar
afraid became for the power of the masses But
of

zijn vrouw, Emma van Haarlem, glimlachte en zei:
his wife Emma of Haarlem smiled and said

"Ik zal uw leven redden."
I shall your life save

Had hij er ooit op gerekend, dat men zijn
Had he there ever on counted that one his
(er...op: on it) they

slot zou omsingelen? Waarom had hij niet voor
castle would surround Why had he not for

proviand gezorgd? Wat gaf het hem, dat hij en
provisions taken care of What gave it him that he and
mattered to him

zijn garnizoen uitvallen deden, waarbij velen der
his garrison fall outs did where-by many of the
sorties made

kerels gedood werden? De moed zelf is te breken,
louts killed were The courage itself is to break

echter niet de vrees, die de moed opwekt. Uit
however not the fear that the courage awoke From

vrees, dat de ridder weer zou roven
fear that the knight again would rob

en moorden, bleven de belegeraars tezamen, en
and murder remained the besiegers together and

ze trotseerden hem nu in het heden, om
they defied him now in the present for

zich in de toekomst van hem te bevrijden.
themselves in the future of him to free

Geen, die het beter begreep, dan de burchtvrouw:
None who it better understood than the castle lady

zij stelde tegenover de angst des volks haar
she set against the fear of the people her

liefde, en ze berustte onversaagd. Ja,
love and she resigned herself dauntlessly Yes

misschien was ze blij dat haar heer niet heen
maybe was she happy that her lord not away

kon gaan, en dat hij altijd bij haar was.
could go and that he always with her was

Ook al waren er van het volk tientallen
Also already were there of the people tens
Even though (many times ten)

die sneuvelden, de mensen volhardden om
who fell in battle the people persevered around

gracht en muur. De honger werd hun
moat and wall The hunger became their

bondgenoot, vernielender dan de stenen uit een
ally more destructive than the stones from a

katapult. Van de gewelven braken stenen los, en
catapult From the arches broke stones loose and

't hout der brug vermolmde. De wachter op de
the wood of the bridge rotted away The guard on the

toren kon zijn instrument niet ver meer doen
tower could his instrument not far (any)more do

klinken, en er verschenen roestplekken op de
sound and there appeared spots of rust on the

zwaarden.
swords

"We zullen ons moeten overgeven," zei de ridder.
We shall us have to surrender said the knight

"We kunnen ons niet tegen honger verdedigen."
We can ourselves not against hunger defend

Emma zag hem aan, en vroeg:
Emma looked him at and asked

"Laat mij met het volk spreken!"
Let me with the people speak

De oude kronieken zeggen niet, waarom hij zijn
The old chronicles say not why he his

toestemming gaf. In de nevel van de sage zijn
permission gave In the fog of the tale are

haar schoonheid en welsprekendheid verborgen. Zij
her beauty and eloquence hidden She

ging tot het volk, en men raakte haar niet aan.
went to the people and one touched her not -on-
they attacked

Haar glimlach moet betoverend zijn geweest,
Her smile must enchanting are been
have

omdat men naar haar luisterde. Ja, men moet haar
because one to her listened Yes one must her
they they

hebben bemind en aanbeden, en zij kon weten,
have loved and worshipped and they could know

dat men al haar wensen zou vervullen.
that one all her desires would fulfill
they

Was er een man, die aan 't hoofd der troepen
Was there a man who at the head of the troops

stond? Of heeft zij tot de wilde troep zelf
stood Or has she to the wild band itself

gesproken, die slechts één doel had: de
spoken which only one goal had the

roofridder vernietigen?
robber knight destroy

"Wat wilt u?" vroeg men haar. Zij antwoordde:
What want you asked one her She answered
they

"Laat mij en mijn vrouwen uit het kasteel
Let me and my ladies from the castle

vertrekken."
leave

Ze sprak geen woord over de ridder, die men
She spoke no word about the knight who one
not a they

wilde treffen, en men was gerust. Het volk
wanted to hit and one was assured The people
to get at they were

verzette zich niet tegen de vrouwen; Emma
resisted themselves not against the ladies Emma

van Haarlem en haar dienaressen mochten het
of Haarlem and her servants were allowed the

kasteel vrijelijk verlaten. Voor de wrede man zou
castle freely to leave For the cruel man would

dan geen genade gelden.
then no mercy apply

"Maar," aldus smeekte ze, "moet ik dan arm en
But thus begged she must I then poor and

berooid door het land trekken? Zal mij
robbed (of possessions) through the land pull Shall me
go

niets van mijn rijkdom overblijven?"
nothing of my riches remain

"Wij strijden niet tegen uw schatten," antwoordde
We battle not against your treasures answered

men. "Wat wilt u meenemen?"
one What want you take with (you)
they

"Laat mij het kostbaarste, dat ik heb, meedragen,"
Let me the most valuable that I have carry along

"Het is u toegestaan."
It is you permitted

Nog aarzelde ze, en men vroeg haar, wat ze meer
Still hesitated she and one asked her what she more
they

verlangde.
desired

"Zweer het, dat jullie mij vrij zult laten gaan, als ik
Swear it that you me free shall let go if I

mijn kostbaarste bezit in mijn armen draag.
my most valuable possession in my arms carry

Zweer, dat u mij noch mijn schat zult
Swear that you me nor my treasure shall

vernietigen."
destroy

Men zweerde het gaarne, want men wilde
One swore it with pleasure because one wanted
They they

haar laten zien, dat de woede van het volk naar
her to show that the anger of the people to

vrijheid verlangde, en niet naar zinloze dood of
freedom longs and not to senseless death or

zinloze rijkdom.
senseless riches

Zij ging naar het slot terug, en zei tot de
She went to the castle back and said to the

burchtheer:
castle lord

"We zijn gered."
We are saved

Ze droeg de wrede ridder van Haarlem in haar
She carried the cruel knight of Haarlem in her

armen, want hij was haar kostbaarste bezit. En
arms because he was her most valuable possession And

met voorzichtige stappen wankelde zij, gebogen
with careful steps staggered she bent

door haar last, langs de rijen van het zwijgende
by her burden along the rows of the silent

volk, dat zijn eed getrouw bleef. Misschien, dat
people that its oath faithful remained Maybe that

enkelen hun handen tot vuisten balden, denkend
some their hands to fists clenched thinking

aan de slechte daden, die nu niet door de dood
on the evil deeds that now not by -the- death
of

zouden worden verzoend.
would become reconciled

Toen ze eindelijk de grenzen van de ridderschap
When they finally the borders of the knightage

had bereikt, liet ze haar schat los, en zij
had reached let she her treasure loose and they

tweeën, de ridder en zijn vrouw, keken om. Een
two   the knight and his   wife   looked back A

wolkje   rook, als een nevel, hing al   boven
little cloud (of) smoke like a   fog   hung already over

het kasteel, en nu schoot een spitse vlam   uit
the   castle   and now   shot   a   sharp flame out from

de toren...
the   tower

De Ridder en de Zwarte Dood
The Knight and the Black Death

DE RIDDER EN DE ZWARTE DOOD
The   Knight And The   Black   Death

Het was in het jaar veertienhonderdnegenendertig,
It   was in   the year   fourteen hundred thirty nine

dat de Pest over de mensheid kwam, en
that the Plague over -the- humanity   came   and

oneindig veel doden eiste. Hij reed op een
infinitely many deaths demanded He rode on a

zwart paard, met zwarte teugels, een zwart zadel,
black   horse with black   reins   a   black   saddle

en zwart was het ijzer van de zeis, waarmee hij
and black was the iron of the scythe with which he

de mensen oogste. Men noemde hem de Zwarte
the people harvested One called him the Black
                        They

Dood.
Death

Waar was hij niet geweest?
Where was he not been
     had

Hij was uit het Oosten gekomen, over de
He was from the East come over the
    had

Hongaarse landen tot Wenen, waar hij lange tijd
Hungarian lands to Vienna where he (a) long time

had huisgehouden. Hij was verder gegaan, als een
had house-kept He was further went like an
    ravaged   had

onoverwinnelijke krijger. Van alle kanten
invincible warrior From all sides

weerklonken er jammerklachten.
resounded there wail-complaints
               wailing

Hij reed stapvoets door de wereld, maaiende,
He rode stepfoot through the world mowing
    at a walking pace

overal waar zich menselijk leven had gevestigd.
everywhere where itself human life had settled

Bij honderdtallen verzamelden zich de mensen,
By (the) hundreds gathered themselves the people

mannen en vrouwen, om hem te smeken om te
men and women for him to beg for to

keren: gezamenlijk vereenden ze zich in het
turn together united they themselves in the

gebed, ze geselden zich en elkaar.
prayer they lashed themselves and each other

Maar de Zwarte Dood zag en hoorde niet naar
But the Black Death saw and heard not to

hen, want hij was gekomen, om te besmetten en
them because he was come for to infect and
had

te laten sterven, en het Noodlot bestuurde zijn
to let die and the Bad-fate controlled his
Doom

onstuitbare tocht.
unstoppable journey

Ook in het dorpje Ruurloo was hij
Also in the little village (of) Ruurloo was he
had

binnengereden, en sindsdien week hij niet
inside-ridden and since then moved back he not
entered gave way

meer **van** **die** **plaats.** **Een** **paar** **dagen** **voor** **zijn**
(any)more from that place A few days before his

komst **hadden** **pelgrims** **uit** **het** **Heilige** **Land** **bij**
arrival had pilgrims from the Holy Land at

de **bron** **overnacht,** **ze** **waren** **bij** **het** **eerste**
the well spent the night they were by the first
had

zonlicht **weer** **verdwenen.**
sunlight again disappeared

De **meisjes** **uit** **'t** **gehucht** **waren** **in** **de** **morgen**
The girls from the hamlet were in the morning
had

naar **de** **bron** **gegaan,** **en** **hadden** **hun** **kruiken** **vol**
to the well gone and had their pitchers full

met **water** **geschept,** **net** **als** **ze** **altijd** **deden.** **En**
with water scooped just like they always did And

daarna **werd** **iedereen,** **die** **van** **het** **water** **had**
there-after became everyone who from the water had

gedronken, **ziek:** **de** **Zwarte** **Dood** **boog** **zich** **over**
drunk sick the Black Death bowed himself over

het koortsig kronkelende lichaam, onbewogen sloeg
the feverishly writhing body unmoved struck

Hij toe. De pijn was zichtbaar in de houding en
He -to- The pain was visible in the pose and

het gezicht van de gestorvene.
the face of the deceased

Niet alleen hij die water dronk uit deze bron,
Not only he who water drank from this well

werd gedood, maar alle bronnen, behalve die
became killed but all wells except the one
was

van het kasteel, waren door de vloek getroffen.
from the castle were by the curse hit

Toen zei men, dat de Joden het water hadden
Then said one that the Jews the water had
they

vergiftigd. En de Joden vluchtten uit Ruurloo, met
poisoned And the Jews fled from Ruurloo with
while

achterlating van have en goed, ze liepen tot
leaving behind of having and good, they walked to
- all their belongings

waar de Zwarte Dood nog niet genaderd was.
where the Black Death yet not approached was
had

Alleen de oude Abraham en zijn mooie dochter
Only the old Abraham and his beautiful daughter

Mirjam bleven in het dorp. Want Abraham was te
Mirjam stayed in the village Because Abraham was too

oud om op een lange reis te gaan en Mirjam
old for on a long journey to go and Mirjam

was te mooi, om niet door de ridder van
was too beautiful for not by the knight of

Ruurloo te worden beschermd.
Ruurloo to become protected

De Zwarte Dood reed op zijn zwarte paard. Bijna
The Black Death rode on his black horse Almost

geen huis dat in de buurt van het slot lag,
no home which in the neighborhood of the castle lay

of hij was er een gast, die roofde en moordde.
or he was there a guest who robbed and murdered

Toen kwam iedereen die het overleefd had
Then came everyone who it survived had

bij elkaar, en ze riepen dat men Abraham en
by eachother and they called out that one Abraham and
together   they

Mirjam zou doden. Want volgens deze dwazen
Mirjam would kill Because according to these fools

hadden de joden de bronnen vergiftigd, en ze
had the jews the wells poisoned and they

vroegen vergelding om het vreselijke misdrijf,
demanded retribution for the horrible crime

waaraan zich beiden schuldig gemaakt zouden
to which themselves both guilty made would

hebben.
have

De jonge ridder in het zwaar beschermde kasteel
The young knight in the heavily guarded castle

lachte de dorpelingen vanachter zijn muren uit
laughed (at) the villagers from behind his walls -out-

om hun bijgelovigheid. In de avond, als Mirjam
for their superstition In the evening when Mirjam

bij hem kwam, stelde zijn lach haar gerust.
to him came put his smile her to rest

De dag daarna echter, als de dorpelingen haar
The day after however when the villagers her

dreigend voorbijgingen, in het geheim haar
threatening passed in -the- secret her

vervloekend, was het haar, of geen macht ter
cursing was it her (as) if no power in the

wereld haar zou kunnen redden. En ze smeekte
world her would be able to save And she begged

de ridder van Ruurloo haar en haar vader
the knight of Ruurloo her and her father

onderdak te geven achter de poorten van het slot.
under-roof to give behind the gates of the castle
shelter

Want van haar vader wilde ze niet scheiden.
Because from her father wanted she not separate

"Mirjam!" lachte de jonge ridder lichtzinnig, "kom
Mirjam laughed the young knight light-minded come
frivolously

met je vader bij me wonen. Zolang je bij mij
with your father with me live As long as you with me

blijft, hoef je nergens bang voor te zijn."
remain need you nowhere afraid for to be

De Zwarte Dood reed langs het zonnige riviertje
The Black Death rode along the sunny little river

de Berkel, en de Grote Sterfte hield aan. Hij
the Berkel and the Great Dying held on He
continued

kwam in het stadje Borkuloo, Zijn paard zag men
came in the little town Borkuloo His horse saw one
they

in Lochem en Zutphen, en het spoor van de hoef
in Lochem and Zutphen and the trail of the hoof

langs de wegen van de IJsel. Elke avond was hij
along the roads of the IJsel Each evening was he

weer in Ruurloo, en men ontdekte Hem, de
again in Ruurloo and one discovered Him the
they

stille, eenzame ruiter, bij de brug van het kasteel,
silent   lonely   rider   by the bridge   of   the   castle

zijn handen tot vuisten ballend, om de grens,
his   hands   to   fists   clenching   for   the   limit
                                              because of

die Hem werd gesteld. De ridder lachte, sloot
which   Him   became   set   The   knight   laughed   locked

Mirjam in zijn armen en kuste haar op haar rode
Mirjam   in   his   arms   and   kissed   her   on   her   red

mond.
mouth

Echter, de moeder van de ridder stopte niet met
However   the   mother   of   the   knight   stopped   not   with

zeuren tegen hem over het meisje, dat hij in zijn
whining   to   him   about   the   girl   which   he   in   his

slot een veilige woonplaats had verstrekt. Ze zei
castle   a   safe   living-place   had   provided   She   told
                        haven

hem, dat hij moest trouwen met een meisje van
him   that   he   must   marry   with   a   girl   from
                 should   of

stand en ze zei hem, dat hij Abraham en
(high) rank and she told him that he Abraham and
noble heritage

Mirjam moest doden om de dorpelingen
Mirjam must kill for the villagers

goed te stemmen.
good to tune
to humor

Omdat Mirjam haar woorden had gehoord,
Because Mirjam her words had heard

waarschuwde ze hem, toen ze weer samen
warned she him when they again together

waren: "Ridder van Ruurloo! Ik ken het lot van
were Knight of Ruurloo I know the fate of

minaressen, zoals ik, net als ik het lot van de
lovers like I just like I the fate of the
me

bloemen weet. Daarom zal ik me niet wreken,
flowers know Therefore shall I myself not revenge

als je mij verstoot. Maar bij de eeuwige God! als
if you me cast out But by the eternal God if

je mijn oude vader iets laat aandoen, zijn je
you my old father anything let on-do are your
                                             harm

dagen geteld!"
days counted
     numbered

Hij lachte, en antwoordde niet.
He laughed and answered not

Vijf dagen waren voorbijgegaan, en de zesde was
Five days were along-gone and the sixth was
       had passed   had

gekomen. Over Mirjam's woorden had de ridder
come About Mirjam's words had the knight

niet nagedacht; de andere woorden, die zijn
not thought the other words that his

moeder had gesproken, drongen ze gemakkelijk
mother had spoken pushed them easily

weg. In zijn geweten was noch een goede, noch
away In his conscience was neither a good nor

een kwade stem, zoals alle stemmen zwijgen in
an evil voice like all voices are silent in

het geweten van de lichtzinnige. Hij dacht niet
the conscience of the frivolous He thought not

na over de toekomst. Zoals het lot besloot, liet
-after- about the future Like -the- fate decided let

hij alles gebeuren.
he everything happen

Hij zag Machteld, en zijn moeder vroeg hem,
He saw Machteld and his mother asked him

of hij niet wist, dat zij de rijkste en
whether he not knew that she the richest and

mooiste was van Brabants jonkvrouwen. En
most beautiful was of Brabants noble ladies And

inderdaad, haar rijkdom stond hem wel aan. Haar
indeed her riches stood him well on Her
                                  pleased him

eeuwige rijkdom te mogen verbrassen, en iedere
eternal riches to may squander and every

dag weer te feesten, dat leek hem wel wat.
day again to party that seemed him indeed something
                                        pretty nice

Hij stelde het zich al voor, zonder gedachte,
He put it himself already before without thought
  imagined   -

met verlangende blik, hoe hij de best geklede
with desiring look how he the best dressed

ridder zou zijn in de verre omtrek, en hoe hij
knight would be in the far surroundings and how he
                          wide area

Mirjam het hof zou blijven maken.
Mirjam the court would remain make
          dating   keep

Zijn moeder echter waakte meer over zijn zieleheil
His mother however guarded more over his soul-health
                                              salvation

dan hijzelf. Hier was het de klank van haar stem,
than himself Here was it the sound of her voice

daar was het een gebaar, hier was het een
there was it a gesture here was it a

zwijgen, daar was het een woord, zoals vrouwen
silence there was it a word like women

het slechts weten te zeggen.
it only know (how) to say

Op een dag wachtte Machteld haar jonge,
On a day waited Machteld her young
One (opwachtte; awaited)

lichtzinnige minnaar met een verbeten gezicht
frivolous lover with an strained face
angrily decided

op.
-up-
(opwachtte: awaited)

"Waarom leven de Jood en de Jodin hier op het
Why live the Jew and the Jewess here on the

kasteel?" zei ze boos. "Vang ze en laat ze
castle said she angrily Catch them and let them

levend verbranden. Ik zal je vrouw niet worden,
alive burn I will your wife not become

als je aan dit bevel niet gehoorzaamt."
if you -on- this order not obey

Hij keek haar even aan, en
He looked her for a moment at and

haalde toen zijn schouders op.
pulled then his shoulders up
then shrugged

"Het zal gebeuren," zei hij onverschillig.
It will happen said he, indifferent

Maar toen zijn mannen kwamen, om beiden
But when his men arrived for both

gevangen te nemen, vonden ze er slechts één:
imprisoned to take found they there only one
as prisoner

de oude Abraham. Ze sleepten hem over het
the old Abraham They pulled him over the

binnenhof, en wierpen hem in de kerker van het
inside-court and threw him in the dungeon of the
the courtyard

kasteel. Diezelfde avond bracht men hem reeds
castle That same evening brought one him already
(they)

ter dood.
to -the- death

En de Zwarte Dood had Ruurloo verlaten. Hij
And the Black Death had Ruurloo left He

werd niet meer bij het kasteel gezien, tot de
became not (any)more at the castle seen until the

nacht voor de bruiloft. Hoog zat hij op zijn
night before the wedding High sat he on his

bewegingloze paard, en hij en zijn dier waren
unmoving horse and he and his animal were

zwarter dan de nacht om hen heen. Hij balde
more black than the night around them -to- He clenched

zijn handen niet tot vuisten. Zijn sikkel hing over
his hands not to fists His sickle hung over

zijn schouder, afwachtend.
his shoulder awaiting

De bruid en de bruidegom waren onbekommerd.
The bride and the bridegroom were unworried

Waar zouden ze bang voor zijn? Ze waren
Where would they afraid of be They were

allebei jong, rijk en mooi. Het leven was een
both young rich and beautiful The life was a / like a

gloed voor hen, en terwijl ze in de zaal stonden,
glow / rush for them and while they in the hall stood

scheen het, of ze gewarmd werden door het
seemed it (as) if they warmed became by the

zonlicht. Ze glimlachten van gedachteloos geluk.
sunlight They smiled from thoughtless happiness

Zou de dag van morgen niet even wonderlijk zijn
Would the day of tomorrow not as wondrous be

als deze dag?
as this day

Een dienaar naderde de jonge, blonde ridder, en
A servant approached the young blond knight and

fluisterde.
whispered

Buiten wachtte een vrouw, die kon waarzeggen.
Outside waited a woman who could truth-say
tell fortune

Waarom zou ze niet binnen mogen komen en
Why would she not inside be allowed to come and

hun het geluk voorspellen? Was de grote wereld
them the fortune predict Was the great world
Belonged

niet van hen? Als ze de waarheid zei, zou ze
not of them If she the truth said would she
    to

goud verdienen. Ook de moeder glimlachte, de
gold earn Also the mother smiled the

gasten glimlachten.
guests smiled

Duister trad een gesluierde vrouw binnen het
Dark stepped a veiled woman into the

zonlicht van hun aller verwachting.
sunlight of their all of expectation

"Wie eerst?" vroeg ze hees.
Who first asked she hoarse

"De bruid," riep de bruidegom.
The bride called the bridegroom

Ze naderde, en zag haar hand zonder die aan te
She approached and saw her hand without that -on- to

raken. "Maagd en vrouw. Gehuwd en weduwe. Het
touch Virgin and woman Married and widow The

klooster en het graf," zei ze zachtjes.
cloister and the grave said she softly

"Je liegt," schreeuwde de bruidegom.
You lie screamed the bridegroom

Het zonlicht was uit de zaal geweken. Alles
The sunlight was from the hall gone away Everything
had

was in een vale schemer verborgen. Onbewegelijk
was in a pale twilight hidden Unmoving

stonden de gasten, wachtend op meer.
stood the guests waiting on more
for

De vrouw richtte zich recht uit haar
The woman rose herself straight from her

gebogenheid, en deed haar sluier af.
bendedness and did her veil off
took

"Mirjam."
Mirjam

"Mirjam," echode haar stem. Ze naderde de
Mirjam echoed her voice She approached the

ridder, en keek hem aan. Ze sloeg haar armen
knight and looked him at She struck her arms
          looked at him

om hem heen, zo sterk, dat zijn krachtige arm
around him -to- so strong that his powerful arm

weerloos werd. En allen om hem heen stonden
defenseless became And all around them -to- stood

stil en wachtten.
still and waited

"Mijn vader is dood," klaagde ze.
My father is dead complained she

"Haal haar van me af," wilde hij roepen. Maar haar
Get her from me off wanted he call (out) But her

mond was de zijne al genaderd. Ze kuste
mouth was -the- his already approached She kissed
      had

hem wild.
him wildly

De schemer week uit de zaal. Het was duisternis.
The twilight left from the hall It was darkness

De Zwarte Dood stond aan de deur, en zijn
The Black Death stood at the door and his

schaduw strekte zich uit over de dingen en
shadow stretched itself out over the things and

levens. Toen hoorde men Mirjam's stem, in
lives Then heard one Mirjam's voice in
they

jubeling:
joy

"Ik heb mijn vader gewroken. Ridder van Ruurloo!
I have my father avenged Knight of Ruurloo

mijn kussen waren giftig. Ik ben aangetast door
my kisses were poisonous I am affected by

de Zwarte Dood en ook jij zult sterven net als
the Black Death and also you shall die just like

ik!"
me

Ze viel voor hem neer, en omarmde zijn benen.
She fell before him down and embraced his legs

Met haar laatste krachten hield ze hem vast, ze
With her last strengths held she him tight she

snikte nog een laatste maal...
sobbed still a last time

Toen was het stil.
Then was it silent

En iedereen vluchtte weg van de ridder van
And everyone fled away from the knight of

Ruurloo, niemand riep hem een vaarwel toe, de
Ruurloo no one called (to) him a farewell -to- the

gasten niet, zijn moeder niet, en zelfs niet zijn
guests not his mother not and even not his

jonge, mooie bruid.
beautiful young bride

Hij is gestorven in eenzaamheid.
He is died in loneliness
has

47

Hengist en Horsa
Hengist and Horsa

HENGIST EN HORSA
Hengist and Horsa

Lang, lang geleden waren er twee krijgers,
Long long ago were there two warriors

Hengist en Horsa, de twee zonen van Udolph
Hengist and Horsa the two sons of Udolph

Haron, in het jaar 360 hertog van Friesland. Toen
Haron in the year 360 duke of Frisia When

zij nog jong waren, zond hun vader hen naar
they still young were sent their father them to

keizer Valentianus, zodat zij alle dingen zouden
emperor Valentianus so that they all things would

leren, die een ridder hoort te weten.
learn which a knight belongs -to- know
should

Ze kwamen terug in het jaar 383, en Hertog
They came back in the year 383 and Duke

Udolph Haron verheugde zich, dat zij zo sterk
Udolph Haron rejoiced himself that they so strong

en dapper waren geworden. Hij wilde ze bij
and brave were become He wanted them with
had

zich houden, zolang hij nog op aarde was, doch
himself to keep so long he still on earth was however

het verlangen van oude mensen kan het leven niet
the desire of old people can the life not

regeren.
rule

Zij woonden twee jaren in zijn huis, toen er
They lived two years in his house when there

luid geklaag klonk in de dorpen van Friesland,
loud wailing sounded in the villages of Frisia

want de grond was niet zo rijk, dat hij allen kon
because the ground was not so rich that he all could
it

voeden. Men vroeg, dat de oude wet zou gelden,
feed One asked that the old law would be valid
be enacted

die luidde dat, als op de akker geen graan
which sounded that if on the field no grain
    read

genoeg groeide, een deel van 't volk het land
enough grew a part of the people the land

zou verlaten. Bij loting zou het worden
would leave By lottery would it become

aangewezen.
appointed

De oude hertog deed, wat de plicht hem gebood,
The old duke did what the duty him ordered

en hij stelde zijn zonen niet van het lot vrij. Zij
and he set his sons not from the fate free They

beiden, Hengist en Horsa, moesten vertrekken. Zij
both Hengist and Horsa must leave They

stelden zich aan 't hoofd der Friezen, en op
put themselves at the head of the Frisians and on

schepen zeilden ze naar onbekende streek. Ze
ships sailed they to (an) unknown region They

kwamen in Brittannië aan, waar koning
came in Brittain -on- where king
(aankomen: arrive)

Vortigern regeerde. Hij werd gewaarschuwd, dat
Vortigern ruled He became warned that
was

er vreemdelingen in zijn rijk waren geland,
there strangers in his kingdom were landed
had

en hij begaf zich naar hen toe, om te vragen,
and he set off himself to them -to- for to ask

wat ze verlangden. Hengist, de oudste,
what they desired Hengist the eldest

antwoordde:
answered

"Wij zijn onder geleide van Wodan op bevel
We are under guidance of Wodan on order
have (Germanic God)

van van onze leiders uit ons land gegaan, om
of of our leaders from our country gone for

andere akkers en velden te zoeken. Wij willen
other fields and meadows to seek We want

onder u dienen, als u het wil."
under you serve if you it want

"Niet is mijn God uw God," sprak de koning,
Not is my God your God spoke the king

"maar ik ben blij, dat jullie zijn gekomen, want ik
but I am glad that you are come because I
have

heb veel vijanden, tegen wie jullie mij kunnen
have many enemies against who you me can

helpen. Als je mij in mijn nood bijstaat, zal het
help If you me in my need assist shall it

u aan loon niet ontbreken."
you on reward not lack
in

De Friezen zwoeren de vorst hierop trouw, en
The Frisians swore the monarch here-on allegiance and
at this

ze streden met hem tegen de Schotten, die zijn
they battled with him against the Schots who his

land waren binnengetrokken. Door de moed van
land were pulled in Through the courage of
had invaded

Hengist en de zijnen werden zij verslagen,
Hengist and -the- his (people) were they beaten

en de koning dankte het overwinnende leger.
and the king thanked the conquering army
victorious

Ieder ontving mooie geschenken. Daar Hengist
Everyone received beautiful gifts There Hengist

echter zag, dat de vorst niet bemind was bij zijn
however saw that the monarch not loved was by his

volk, vroeg hij hem, of hij nog meer Friezen zou
people asked he him if he still more Frisians should

brengen.
bring

"Doe dit," riep de koning uit, "ik zal verheugd zijn
Do this called the king out I shall pleased be

uw dappere mannen in mijn land te zien."
your brave men in my land to see

Hengist kwam terug met vele helden uit zijn
Hengist came back with many heroes from his

volk, daarna zei hij, dat Vortigern hem niet had
people there-after said he that Vortigern him not had

beloond, gelijk 't betaamde.
rewarded like it should

"Ik ben de zoon van Friesland's hertog, Udolph
I am the son of Frisia's duke Udolph

Haron," waren zijn woorden, "en ik zeg u, dat gij
Haron were his words and I say you that you

mij een stad zult geven, met muren omringd, waar
me a city will give with walls surrounded where

ik temidden van mijn volk kan leven.
I in the midst of my people can live

Dit komt mij, Hengist, Udolph Haron's zoon toe."
This comes me Hengist Udolph Haron's son to
This is due to me

"De wetten van mijn voorouders," sprak de koning,
The laws of my ancestors spoke the king

"verbieden mij, vreemdelingen land te geven. Als ik
prohibit me strangers land to give If I

dit toch zou doen, zou mijn volk mij
this still would do would my people me

veroordelen. Kijk toch niet naar mijn hand, die
condemn Look though not to my hand that

zonder de stem van mijn hart kan geven; zie
without the voice of my heart can give look

echter naar mijn hart, dat van vriendschap voor
however to my heart that of friendship for

u is vervuld."
you is filled

"Maar een man wil zijn eigen grond hebben,"
But a man wants his own land have

riep de held uit, "en waar hij dit niet heeft, is hij
called the hero out and where he this not has is he

bedroefd en eenzaam. Geef mij een stukje van
sad and lonely Give me a little piece of

uw land, al is het maar zo klein, dat het met
your land all is it just so small that it with
even if

een ossenhuid kan worden omspannen."
a ox skin can become be spanned

Dit beloofde Vortigern hem, en Hengist nam een
This promised Vortigern him and Hengist took an

ossenhuid, die hij in kleine stukjes sneed; hij
ox skin which he in small pieces cut he

legde deze wijd uit, en zo kreeg hij een groot
laid these wide out and so received he a large

gebied, dat hij van sterke muren voorzag. De stad
area that he of strong walls provided The city

bood niet alleen ruimte voor het volk, dat er
offered not only room for the people that there

toen was, maar zelfs voor de vele Friezen, die
then was but even for the many Frisians who

daarna nog bij Hengist en Horsa kwamen: onder
there-after still by Hengist and Horsa came under

dezen was ook Roxina, de dochter zijner zuster.
these was also Roxina the daughter of his sister

Toen nu eens de koning naar de stad der
When now once the king to the city of the

Friezen kwam, Lancaster wordt deze nu
Frisians came Lancaster becomes this one now
is

genoemd, zag hij Roxina en hij werd op slag
named saw he Roxina and he became on strike
called at once

verliefd op haar.
in love on her
with

"Laat zij mijn vrouw zijn," zo smeekte hij Hengist.
Let she my wife be so begged he Hengist

Toen beraadslaagde deze met zijn broeder en
Then deliberated this one with his brother and

zijn heren, en ze vroegen in ruil voor Roxina
his lords and they asked in exchange for Roxina

een stuk land, opdat daar volk kon wonen. Dit
a piece (of) land so that there people could live This

geschiedde.
happened

Maar nadat 's konings edellieden hadden gezien,
But after his king's noblemen had seen

hoe de Friezen bij Vortigern geëerd waren, en hoe
how the Frisians by Vortigern honored were and how

zij akkers sloten aan akkers, huizen aan huizen,
they fields closed to fields houses to houses

werden zij bevreesd om hun eigen macht, en ze
became they fearful for their own power and they

vroegen de koning, dat hij het volk der
asked the king that he the people of the

vreemdelingen weer zou verdrijven.
strangers again would expel

Het hart van de koning was echter voor hun
The heart of the king was however for their

stemmen gesloten, en hij liet de Friezen binnen
voices locked and he let the Frisians inside

hun landpalen blijven. Daarom riepen zijn ridders
their land poles remain Therefore called his knights
borders appointed

een van zijn zonen tot koning uit, en met een
one of his sons to king out and with a
as

sterk leger trok men Hengist en de zijnen
strong army drew one Hengist and the his (people)
went they

tegemoet, vreemdelingen op deze grond.
to meet strangers on this ground

In het hevig gevecht, dat volgde, sneuvelde Horsa,
In the severe battle that followed died in battle Horsa

en de Friezen werden verslagen en verdreven. Het
and the Frisians were beaten and expelled It

duurde echter niet lang, of zij zouden weer terug
took however not long or they would again back

kunnen keren. De zoon des konings, die als
be able to turn The son of the king who as

vorst was uitgeroepen, werd namelijk vermoord.
monarch was called out became namely murdered
appointed was

Daarop zond Roxina een bode naar Hengist,
There upon sent Roxina a messenger to Hengist

om hem te zeggen, dat ze wilde dat hij terug
for him to say that she wanted that he back

zou komen.
would come

Met veel schepen zeilend naderde de held
With many ships sailing approached the hero

Brittannië. De koning en zijn heren waren
Brittain The king and his lords were

hierover zeer vertoornd, en ze wilden hem
here-about very much angered and they wanted to him
about this

weren. Dit berichtte Roxina opnieuw aan haar
repulse This messaged Roxina again to her

volk. Hengist zond daarom boden naar
people Hengist sent therefore messengers to

Vortigern, die hem zeiden:
Vortigern who him told

"Niet om grond te winnen, komen de Friezen
Not for land to win come the Frisians

weder in uw land, noch om te vernielen, wat u
again in your land nor for to destroy what you

toebehoort. Zij willen u beschermen tegen uw
belongs They want you protect against your

vijanden. Geef ons volk toch een stad, waar wij
enemies Give our people still a town where we

kunnen wonen. Hierover kunnen wij beraadslagen."
can live Here-about can we deliberate
About this

De koning bepaalde, dat zij tezamen zouden
The king determined that they together would

komen bij Ambren: met al zijn heren zou hij
come at Ambren with all his lords would he

tegenwoordig zijn. Nadat dit Hengist gemeld was,
present be After this Hengist reported was

beval hij zijn ridders, dat zij ieder een zwaard in
ordered he his knights that they each a sword in

de kleding zouden verbergen. Wanneer hij zou
the clothing would hide When he would

roepen: "Trekt uw wapen," zou ieder zijn man
call (out) Pull your weapon would everyone his man

doden. Zij traden in de zaal, elk had zijn
kill They stepped inside the hall each had his

zwaard verborgen. Ieder dacht aan Horsa's dood.
sword hidden Everyone thought on Horsa's death
of

Horsa werd die dag wel gewroken.
Horsa became that day well avenged
was

"Trekt uw wapen," kreet Hengist, en allen deden,
Pull your weapon cried Hengist and all did

wat hij bevolen had. De edelste ridders van
what he ordered had The most noble knights of

Vortigern, zij, die opgetrokken waren tegen
Vortigern they who pulled up were against

Hengist en Horsa, sneuvelden die dag, ten getale
Hengist and Horsa were killed that day of the number

van vierhonderdvijftig. Zo wonnen de Friezen hun
of four-hundred-fifty So won the Frisians their

stad terug, en ze waren tot een gesel over het
city   back   and they were   to   a   scourge over the
                                 as

land, om Horsa's dood.
land   for   Horsa's   death

De Ridder van Stenhuisheerd
The Knight of Stenhuisheerd

DE RIDDER VAN STENHUISHEERD
The   Knight   Of   Stenhuisheerd

Ooit stond er in het Noorden van ons land
Ever   stood   there   in   the   North   of   our   country
Once

een groot kasteel, dat heette Stenhuisheerd. Er
a   great   castle   that was called   Stenhuisheerd   There

heersten trotse en driftige ridders, die willoos
ruled   proud   and quick-tempered knights   who   will-less

waren tegen hun eigen woede, die meer verderf
were   against   their   own   anger   who   more   ruin

over de streek had gebracht dan honger, ziekte of
over   the   region   had   brought   than   hunger   sickness   or

overstroming.
flooding

Het driftigst van alle ridders was hij, die in
The   most hot tempered   of   all   knights   was   he   who   in

het   begin   der   14e   eeuw   Stenhuisheerd
the   beginning   of the   14th   century   Stenhuisheerd

regeerde.
ruled

Hij had een jong, adellijk meisje lief, en hij vroeg
He had a young noble girl dear and he asked

haar, of ze zijn vrouw wilde worden.
her whether she his wife wanted to become

"Ja," zei ze, "als u uw grootste vijand overwint!"
Yes said she if you your greatest enemy conquer

"Dat zal ik," zwoer hij.
That shall I swore he

"Weet u, wie het is?"
Know you who it is

"Ik zal hem vinden."
I shall him find

"Wilt u van mij zijn naam niet horen?"
Want you of me his name not hear

"Ik verlang dit niet."
I desire this not

Hij reed heen, en ze zag, hoe hij zijn paard
He rode forth and she saw how he his horse

aanzette. Nog eens riep hij haar toe:
set on Still once called he her to
spurred on Once more to her

"Wacht nog een paar dagen, en u zult zijn naam
Wait still a few days and you shall his name

van mij horen."
of me hear

Vele vijanden had de ridder, want hier had hij in
Many enemies had the knight because here had he in

drift een mens gekrenkt, daar iemand in drift
anger a human offended there someone in anger
person

gedood. Terwijl hij reed, bedacht hij, wie zijn
killed While he rode thought he who his

grootste vijand kon zijn, en hij meende, dat het
greatest enemy could be and he believed that it

een ridder was, wiens broeder hij had verslagen.
a   knight   was   whose   brother   he   had   beaten

Talloze malen had hij gehoord, dat deze op
Countless   times   had   he   heard   that   this (one)   on

wraak zon.
revenge   pondered

Zijn paard deed hij wenden naar de richting van
His   horse   made   he   turn   to   the   direction   of

des vijand's slot.
the   enemy's   castle

Wat deed hem echter plots weer de vaart van
What   made   him   however   suddenly   again   the   speed   of

het dier inhouden?
the   animal   reign in

Hij sloeg zichzelf tegen het voorhoofd.
He   hit   himself   against   the   forehead

Wat zou 't hem baten, als hij die ridder
What   should   it   him   do good   if   he   that   knight

versloeg. Zou het jonge meisje niet zeggen:
beat Would the young girl not say

"U heeft voor uzelf door het doden van deze
You have for yourself through the killing of this

man weer een nieuwe tegenstander geschapen, een
man again a new opponent created a

nog groter vijand dan de vorige. Bloed eist
still bigger enemy than the last Blood demands

bloed!"
blood

Het duizelde hem.
It dizzied him

Wie was zijn grootste vijand?
Who was his greatest enemy

Hij keerde naar zijn eigen kasteel terug. In de
He turned to his own castle back In the

nacht had hij geen enkele rust. Gekweld door
night had he no single rest Tormented by
            no rest at all

zichzelf, liep hij door de zaal heen en weer,
himself walked he through the hall forth and back

altijd nadenkend:
always after-thinking
        pondering

"Wie is mijn grootste vijand?"
Who is my greatest enemy

De ochtend was geen troost voor hem. Voor
The morning was no consolation for him Before

zijn ogen was een donkere schaduw, als het
his eyes was a dark shadow as the

duister in de nacht, en zonder ophouden pijnigde
darkness in the night and without stop pained

hem de angstige vraag. Hij trachtte rustig te
him the fearful question he tried calm to

bedenken, wie ze toch bedoelen kon.
think who she yet mean could

Nooit zou hij het haar kunnen vragen. Hij voelde
Never would he it her be able to ask He felt

het   als   een   vernedering,   om   weer   bij   haar
it   like   a   humiliation   to   again   at   her
   to

aan te komen,   zonder   haar   wens   te   hebben
on to come   without   her   wish   to   have
  to go

gehoorzaamd.   Een   nog   diepere   schande   zou   het
obeyed   A   still   deeper   disgrace   would   it
    greater

zijn,   om   haar   nu   te   gaan   vragen,   wie   zij
be   for   her   now   to   go   ask   who   she

bedoelde.   Had   hij   haar   niet   gezegd,   dat   hij   de
meant   Had   he   her   not   told   that   he   the

vijand   wel   kende?
enemy   well   knew

Tien   nachten   en   dagen   hield hij het uit.   Daarna
Ten   nights   and   days   held he it out   After that
    he endured

maakte   hem   de   eeuwig   brandende   vraag   tot   een
made   him   the   eternally   burning   question   to   a

willoos   mens.   Hij   reed   naar   haar   toe   en   zonder
will-less   human   He   rode   to   her   -to-   and   without

begroeting riep hij rauw:
greeting   called he   hoarse

"Wie is het, die je bedoelde! Mens of duivel ... ik
Who   is   it   who you   meant   Human or   devil   I

zal hem overwinnen."
shall him   conquer

Zacht antwoordde ze hem:
Softly   answered   she   him

"Het is geen mens en het is geen duivel, die uw
It   is   no   human and   it   is   no   devil   who your

grootste vijand is. Het is uw drift, edele ridder!
greatest   enemy   is   It   is   your anger noble   knight

Geen groter vijand heeft u dan deze."
No   greater   enemy   have   you than this one

Hij deinsde terug, en riep angstig:
He   staggered   back   and called   fearful

"Hoe zal ik   die   overwinnen?"
How   shall I   that (one)   conquer

"Ga ter kerke, en luister geduldig naar de mis.
Go to the church and listen patiently to the mass

Bid tot God."
Pray to God

Hij boog zijn hoofd, gelijk een vroom man, en zei
He bowed his head like a pious man and said

plechtig:
solemnly

"Om uwentwil zal ik het zwaarste volbrengen."
For your will shall I the heaviest full-bring fulfill

"Ik zal u wachten."
I shall you await

De volgenden dag wilde hij ter kerke gaan, en
The next day wanted he to the church go and

hij reed vroegtijdig uit. Hij had het vaste
he rode early out He had the solid

voornemen te doen, wat ze bevolen had.
intention to do what she ordered had

Hij nam de kortste weg, en dat juist bracht hem
He took the shortest way and that exactly brought him

ongeluk. Want, nadat hij het bospad, dat
misfortune Because after that he the forest path that

onmiddellijk naar de kerk voerde, had gekozen,
immediately to the church led had chosen
straight

zag hij een hert voor zich, dat even de
saw he a deer before him that just for a moment the

kop met het zware vertakte gewei naar hem
head with the heavy branched antlers to him

keerde, en vervolgens vluchtte. Toen vergat de
turned and subsequently fled Then forgot the

ridder van Stenhuisheerd, waarom hij ook al
knight of Stenhuisheerd why he also already

weer gegaan was. Zijn ziel wist slechts van één
again went was His soul knew only of one
had

verlangen: te jagen.
desire to hunt

Het hert vluchtte het dichte bos in, en met
The deer fled the thick forest in and with

moeite volgde hij het. Dan was het licht geritsel
trouble followed he it Then was the light rustle

van de vlugge hoef, strijkend tegen de grond, ver,
of the quick hoof stroking against the ground far

tot het dier weer op een open plek kwam, waar
until the animal again on an open spot came where

het paard opnieuw won. De ridder herinnerde
the horse again won The knight remembered

zich zelfs zijn liefde niet meer.
-himself- even his love not (any)more

Met driftige stem, met driftige voet en hand zette
With angry voice with angry foot and hand set
spurred

hij zijn ros aan tot achtervolging. In het kerkje
he his steed on to (the) chase In the little church

werd de mis al gelezen. Hij had, zonder het
became the mass already read He had without it
was

te beseffen, zijn geluk verspeeld. En zelfs het
to   realize   his   happiness   played out   And   even   the
lost

hert zou hij niet krijgen. Het lokte hem
deer   would   he   not   get   It   lured   him

steeds verder van zijn doel.
more and more   farther   from   his   goal

Eindelijk was er een beek, waarover het
Finally   was   there   a   stream   where-over   the
over which

vervolgde dier, even aarzelend, zwom. Daar
chased   animal   for a moment   hesitating   swam   There

tegenover werd de grond moerassiger. Licht
opposite   became   the   ground   more swampy   Light

zwevend, zonder dat de hoeven de grond
floating   without   that   the   hooves   the   ground

indrukten, meer glijdend dan lopend, drong het
pressed in   more   gliding   than   walking   pressed   it

door het riet, en verdween.
through   the   rushes   and   disappeared

Wel kwam de ridder aan de andere oever, zijn
Well came the knight on the other side his

paard daarentegen, al vermoeid van de snelle
horse on the contrary already tired of the fast

rit, wist niet te ijlen over de weke bodem, en,
ride knew not to race over the weak ground and

nadat hij vloekend op de grond gesprongen was,
after that he cursing on the ground jumped was
had

vond hij het spoor niet terug.
found he the trail not back
(terugvinden: recover)

Zoals een waanzinnige, uit onnaspeurlijke
Like a madman from unsearchable
because of unknown

oorzaak, weer de dingen bemerkt, zoals hij ze
cause again the things notices like he them
reason

vroeger heeft gezien - wat is er in de tijd
before has seen what is there in the time
has

gebeurt, dat hij zichzelf niet was? - zo was hij
happened that he himself not was so was he

zich opeens ook weer bewust van de
himself suddenly also again conscious of the

werkelijkheid, en hij ging terug, met woeste
reality and he went back with wild

gebaren zijn vermoeide paard aandrijvend.
gestures his tired horse driving on
spurring on

Zodra het zijn vaart minderde, sloeg hij het, en
As it its speed lessened hit he it and

woest lachte hij, als het steigerend sprong. Hij
wild laughed he as it bucking jumped He

zwoer en vloekte, dat hij nog op tijd zou komen.
swore and cursed that he still on time would come

Met vreselijke woorden verdoemde hij het hert, dat
With terrible words cursed he the deer that

hem van de kerk gelokt had. Zeker was de mis
him from the church lured had Surely was the mass

al gelezen ...
already read

Hij naderde het dorpje.
He approached the little village

Uit de kerk zag hij de mensen reeds komen, in
From the church saw he the people already come in

vrome aandacht nog 't hoofd gebogen. Hij reed
pious attention still the head bowed He rode

midden door de menigte, riep één van hen
middle through the crowd called one of them

kortaf toe, dat hij het paard moest vasthouden,
curtly to that he the horse must keep

sprong op de grond, en holde het gebedshuis
jumped on the ground and ran the house of prayer

binnen.
inside

De priester was alleen in de kerk. Hij had zich
The priest was alone in the church He had himself

al naar de poort gekeerd, om weg te gaan, en
already to the gate turned for away to go and

verwonderd zag hij de ridder komen.
suprised saw he the knight come

Diens stem riep hem reeds van de deur luid
His voice called him already from the door loud

tegemoet:
towards

"Zeg voor de tweede maal de mis! Zeg voor de
Say for the second time the mass say for the

tweede maal de mis."
second time the mass

Zonder angst luisterde de priester. Goed en rustig
Without fear listened the priest Good and calm

antwoordde hij:
answered he

"U vergist zich, mijn zoon! Hoe kunt u van mij
You mistake yourself my son How can you of me

verlangen, dat ik de mis voor de tweede maal
desire that I the mass for the second time

lees?"
read

Toen toonde hem de ridder zijn zwaard, en
Then showed him the knight his sword and

dreigde:
threatened

"Ik zal u doden met dit zwaard, als u mij niet
I shall you kill with this sword if you me not

gehoorzaamt."
obey

"Mijn leven is in uw macht, doch niet mijn wil.
My life is in your power however not my will

Ik vrees de dood niet."
I fear -the- death not

Weer was het de heer van Stenhuisheerd, of
Again was it (to) the lord of Stenhuisheerd (as) if

hij het zwarte floers voor zich zag, en het
he the black fog before himself saw and it

scheen hem toe, dat hij neerstortte. Het zwarte
seemed him -to- that he crashed down The black

floers werd rood, het week terug voor het
fog became red it gave way back before the

daglicht.
daylight

Hij zag de priester ruggelings op de grond neer
He saw the priest on his back on the ground down

liggen, hemzelf omstuwd van het volk; hij had
lie himself mobbed of the people he had
tightly surrounded by

't bloedende zwaard in zijn hand, en hij zwaaide
the bleeding sword in his hand and he waved

ermee, zodat iedereen van hem terugdeinsde.
with it so that everyone from him moved back afraid

"Moeten er nog meer gedood worden dan deze
Must there still more killed become than this

ellendige priester?" dreigde hij.
miserable priest threatened he

Buiten sprong hij op zijn paard. Nogmaals dreef hij
Outside jumped he on his horse Again drove he
                                                                      spurred

het met wild dreigen aan.
it with wild threatening on

Het was in de late middag, dat hij 't slot van
It was in the late afternoon that he the castle of

zijn meisje bereikte. Zij wachtte op hem.
his girl reached She waited on him
                                                              for

"Hebt u de mis gehoord?" vroeg ze glimlachend.
Have you the mass heard asked she smiling

"Neen."
  Nay

Niet een vage rimpel van de glimlach bleef op
Not a vague wrinkle of the smile remained on
                          trace

haar gelaat. Hoog richtte zij zich op.
her face High rose she herself up

"Dus u heeft niet gedaan, wat ik u heb
So you have not done what I you have

gevraagd?"
asked

Hij hernam met doffe stem:
He continued with dull voice

"Ik kwam te laat."
I came too late

Ze zag naar zijn harnas, met bloed bevlekt, en
She looked at his armor with blood tainted and

naar de punt van zijn zwaard, welk geen blankheid
to the point of his sword which no whiteness

meer had.
(any)more had

"Wie heeft u gedood?"
Who have you killed

"De priester."
The priest

"Waarom?"
Why

"Omdat hij de mis niet voor de tweede keer las."
Because he the mass not for the second time read

"Gaat heen, u, die een priester heeft gedood. Ik
Go forth you who a priest have killed I

zal vergeten, dat u mij heeft liefgehad. U bent
shall forget that you me have loved You are

vervloekt."
doomed

Tegen haar kon hij niet driftig zijn. Haar kon hij
Against her could he not angry be Her could he

slechts smeken, hem lief te hebben. Hij zei in
only beg him dear to have He said in
to love

vertwijfeling:
doubt

"Niemand kan u zo veel liefde geven als ik.
No one can you so much love give as me

Wanneer u mij zou bevelen, de priester voor de
When you me would order the priest for a

tweede keer te doden, zou ik 't doen."
second time to kill would I it do

"U heeft niets meer van mij te hopen. Ik
You have nothing (any)more from me to hope I

vervloek het uur, dat ik u heb ontmoet."
curse the hour that I you have met

"Verdoemd," fluisterde hij. Hij sprak geen enkel
Damned whispered he He spoke no single

vaarwel, hij haastte zich naar buiten, sprong weer
farewell he hurried himself to outside jumped again

te paard, en reed ditmaal naar zijn eigen kasteel.
on horse and rode this time to his own castle

De priester had zijn bevel niet gehoorzaamd,
The priest had his order not obeyed

daarom was hij gestorven. Wel voelde de ridder,
therefore was he died Indeed felt the knight
had

als een band om zijn borst knellend, een
like a band around his breast pressing a

vreemde onrust, of hij op de wereld niet
strange disquiet (as) if he on the world not

thuishoorde. Niemand had hem lief. Vijanden waren
belonged Nobody had him dear Enemies were
loved him

er aan alle zijden, en de grootste vijand was
there on all sides and the greatest enemy was

hijzelf. Wanneer hij deze zou kunnen doden...
he himsef When he this one would be able to kill

Nu dreef hij zijn paard niet meer op. Nu kon
Now drove he his horse not (any)more on Now could
spurred

hij rustig nadenken. Zou hij dan als een eenzaam
he quietly reflect Would he then as a lonely

man door het leven gaan? Berouw had hij niet,
man through the life go Remorse had he not

slechts een verlangen, om zich met zichzelf te
only a desire for himself with himself to

verzoenen.
reconciliate

Toen hij voorbij het moeras kwam, waar hij het
When he along the swamp came where he the

hert was kwijtgeraakt, was het hem weer alsof
deer was lost was it (to) him again as if
had

een zwarte floers voor zijn ogen kwam. Zonder
a black fog before his eyes came Without

aarzelen reed hij het moeras in. Zo zonk de heer
hesitating rode he the swamp in So sank the lord

van Stenhuisheerd weg, zittend boven op 't paard.
of Stenhuisheerd away sitting above on the horse

Van zijn kasteel en van hemzelf bleef niets
Of his castle and of himself remained nothing

over dan zijn slechte naam.
left than his bad name
reputation

Het Verhaal van de Vier Heemskinderen

HET VERHAAL VAN DE VIER HEEMSKINDEREN
The Story Of The Four Home-children
(Children Of Aymon, Duke in the 8th Century under Charlemagne)

Het Pinksterfeest werd gevierd, en vele dappere
The Feast of Pentecost became celebrated and many brave
was

ridders waren bij Keizer Karel te gast.
knights were at Emperor Charles to guest
as

Huigen van Dordoen naderde de Keizer, en hij
Hugh of Dordogne approached the Emperor and he

sprak: "Wilt u niet mijn ooms Aimijn van Dordoen
spoke Will you not my uncles Aymon of Dordogne

en Aimerijn van Nerboen belonen? Zij hebben u
and Aymeron of Narbonne reward They have you

vele diensten bewezen."
many services proved
offered

Maar Keizer Karel zeide: "Zij hebben het mij
But Emperor Charles said They have it me

zelf vaak gevraagd, ik gaf hun toen niets en
themselves often asked I gave them then nothing and

zal hun niets geven."
shall them nothing give

Huigen van Dordoen ging door, zijn woorden te
Hugh of Dordogne went on his words to

zeggen, welke de heerser niet allemaal evenveel
say which the ruler not all as much

bevielen. Deze werd driftig, en greep zijn
pleased This (one) became angry and grabbed his

zwaard. Toen werd de ridder door 's keizers
sword Then became the knight by his emperor's
was

hand gedood. De vloer van de zaal was nat van
hand killed The floor of the hall was wet of

zijn bloed.
his blood

Nu werd het oorlog in het land, en de
Now became it war in the land and the

bloedwraak werd gezworen. Aimijn wilde de dood
blood-revenge became sworn Aymon wanted the death
was

van Huigen niet straffeloos dulden, en hij toog
of Hugh not without punisment tolerate and he went

met zijn vrienden ten strijde. Toen werd hij
with his friends to -the- battle Then became he
was

in de ban geslagen, en hij moest
in the banishment struck and he must
banished had to

gehoorzamen, tegen de drang van zijn ziel.
obey against the pressure of his soul
force

Karel's vrienden verzamelden zich, en ze
Charles' friends gathered -themselves- and they

kwamen naar de keizer. "Vrede! Vrede! Vrede
came to the emperor Peace Peace Peace
went

tussen u en Aimijn van Dordoen." En de keizer
between you and Aymon of Dordogne And the emperor

zei: "Het zij zo."
said   It   be thus

Hij bood Aimijn verzoening. Geen bloed zou   er
He offered Aymon reconciliation   No   blood would there

 meer   tussen hen zijn. Nee, ze zouden vrienden
(any)more between them   be   No   they would   friends

worden, en keizer Karel had een dochter, Aye,
become   and emperor Charles had   a   daughter   Aye

 die   schonk hij Aimijn tot vrouw. Maar Aimijn
that (one) bestowed he   Aym to   wife   But   Aymon
 whom   as

wrokte binnenin de geheime diepten van geest en
grudged   within   the   secret   depths   of   spirit and

bloed, en hij zwoer: "Aye is van het geslacht van
blood   and he   swore   Aye is   of   the   lineage   of

de Keizer, en haar zonen zullen dat ook zijn. Haar
the Emperor and her   sons   will   that also be   Her

zonen zijn mijn vijanden, en bij hun geboorte
sons   are   my   enemies   and by their   birth

zullen ze gedood worden."
will they killed become
be

Aye hoorde dit en werd zeer bevreesd, en als
Aye heard this and became very afraid and when

ze een kind verwachtte, verliet ze Aimijn's slot in
she a child expected left she Aymon's castle in

het geheim. Vier zonen werden haar geboren,
-the- secret Four sons became her born

zonder dat de vader dit wist. Zij werden in een
without that the father this knew They became in a
were

klooster opgevoed, en hun kracht groeide. De
cloister raised and their strength grew The

jongste van de vier echter was groter en sterker
youngest of the four however was taller and stronger

dan de anderen, net als een valk groter en
than the others just like a falcon larger and

sterker is dan een sperwer.
stronger is than a sparrow hawk

Toen ze dan jonge mannen waren, ging Aye een
When they then young men were went Aye one

dag naar Aimijn, en ze vroeg: "Edele Heer, als u
day to Aymon and she asked Noble Lord if you

kinderen had, hetzij weinig, hetzij veel, zou u
children had either few or many would you

ze dan doden?"
them then kill

Aimijn antwoordde, "Vrouwe, als ik kinderen had
Aymon answered Lady if I children had

gehad, zou ik ze liefhebben."
had would I them love

"Voorwaar heer..", zei de edele vrouwe, "maar u
Well lord said the noble lady but you

had gezworen, dat u hen zou doden."
had sworn that you them would kill

Aimijn, inmiddels een kinderloze oude man zei:
Aymon by now a childless old man said

"Een eed gezworen in woede is geen eed. Als we
An oath sworn in anger is no oath If we

kinderen gehad zouden hebben, zou ik vrolijk
children had would have would I glad

zijn."
be

Aye antwoordde gerustgesteld, "Ga met mij mee
Aye answered reassured Go with me along

en u zal uw kinderen zien."
and you will your children see

Aymijn werd door zijn vrouw naar het klooster
Aymon became by his wife to the cloister
was

gebracht waar zij hem vertelde dat ze haar
brought where she him told that she her

kinderen had verborgen.
children had hidden

Toen beproefde Aymijn de moed van zijn zoons,
Then tried Aymon the courage of his sons

en daagde ze uit, zodat Reinout hem tegen de
and dared them -out- so that Reinout him to the

grond sloeg. De grijsaard lag op de grond en
ground struck The grey man lay on the ground and

smeekte: "Edele jonge mannen, sla mij niet, ik
begged Noble young men strike me not I

ben jullie vader en vanavond nog zal ik u ridder
am your father and tonight still shall I you knight

maken."
make

"Bent u onze vader," riep Reinout uit,
Are you our father called Reinout out

"het spijt me, dat ik u geslagen heb."
it regrets me that I you struck have
I am sorry

Aymijn echter was blij, dat zijn zoon nergens
Aymon however was happy that his son nowhere
nothing

bang voor was.
afraid for was
of

Die avond sloeg de vader hen tot ridders. Maar
That night struck the father them to knights But
they were knighted by their father

ze hadden nog geen paarden, om te rijden en te
they had still no horses for to ride and to

strijden als echte ridders, en men voerde voor
do battle as real knights and one led before
they

Reinout sterke rossen.
Reinout strong steeds

Deze waren hem elk te zwak, en hij sloeg ze
These were (to) him each too weak and he struck them

dood met de vuist of drukte ze met zijn knieën
dead with the fist or pressed them with his knees

de lendenen stuk. Aymijn was zeer blij hierover,
the sides broken Aymon was very glad here-about
about this

zoals men wel begrijpen zal. Hij zei:
like one well understand will He said

"Zoon, ik weet een paard voor u, dat de kracht
Son I know a horse for you that the strength

van tien rossen heeft. Beyaert is zijn naam, en hij
of ten steeds has Beyaert is his name and he

staat in een sterke toren. Hij is van 't geslacht
stands in a strong tower He is of the lineage

der dromedarissen, en als u erop rijdt, gaat u
of the dromedaries and if you on it ride go you

sneller dan een sperwer in zijn vlucht."
faster than a sparrow hawk in his flight

Reinout temde het edele ros Beyaert met gevaar
Reinout tamed the noble steed Beyaert with danger

voor zijn leven, en het paard droeg hem over
for his life and the horse carried him over

twee wijde grachten met één sprong. Beyaert
two wide moats with one jump Beyaert

stond daarna bevende voor hem, en hij boog
stood there-after trembling before him and he bowed
     after that

zijn poten tezamen, eerbiedig het hoofd buigende.
his paws together respectful the head bowing
    legs

Reinout reed op Beyaert, en zijn broers op andere
Reinout rode on Beyaert and his brothers on other

paarden.
horses

Als Reinout op Beyaert zat, beefde de aarde en
When Reinout on Beyeart sat trembled the earth and

het vuur sprong uit de stenen. En Aymijn met
the fire sprang from the stones And Aymon with

zijn kinderen werden op het hof uitgenodigd,
his kids became on the court invited
　　　　　　　were　to

omdat Lodewijk, keizer Karel's zoon, werd
because Louis emperor Charles' son became

gekroond als koning van Frankrijk.
crowned as king of France

Zij gingen, de Aymijn's of Heemskinderen, met
They went the Aymon's or Aymon's children with

hun vader, allen welgewapend, zoals ridderen
their father all well armed like knights

ten   strijde   trekken.   Een   bode
to -the-   battle   pull   A   messenger
                          go out

kwam hen tegemoet, en deze vroeg: "Ontwapent
came them to meet and this one asked Disarm
       met them

u."
yourself

Aymijn deed aldus, en daarna trok hem Karel
Aymon did so and after pulled him Charles
                         went

met zijn baronnen en zijn jonkvrouwen tegemoet.
with his barons and his noble ladies to meet
                         to meet them

En de beiden spraken vele vriendelijke woorden
And the both spoke many friendly words
     they

tezamen. Lodewijk zei niets, noch tot Aymijn
together Louis said nothing neither to Aymon

noch tot zijn kinderen, want er was boosheid
nor to his children because there was anger

in zijn hart, omdat de keizer zijn doodsvijand was
in his heart because the emperor his death-enemy was
                                 nemesis had

gaan begroeten.
gone greet

En de baronnen en jonkvrouwen zeiden tot
And the barons and noble ladies said to

elkaar: "Is dit Reinout, Aymijns zoon? Hij is de
eachother Is this Reinout Aymon's son He is the

mannelijkste en knapste jongeling van het
most manly and handsome young man of the

Christenrijk."
Christian empire

Dit hoorde Lodewijk, en het bedroefde hem, daar
This heard Louis and it saddened him there
as

hij ook knap was van aangezicht en groot van
he also handsome was of face and tall of

lichaam; en op velerlei wijzen tartte hij de broers
body and on many ways mocked he the brothers
in

sindsdien, ook na zijn kroning. Reinout's roem
since then also after his crowning Reinout's fame

werd hem tot schande, want hij, die afgunstig
became him to shame because he who envious

is, voelt de eer die aan een ander wordt
is feels the honor which to an other becomes
is

gegeven als schande voor zichzelf.
given as disgrace for himself

Op het laatst kon Reinout, de jonge held, niet
At -the- last could Reinout the young hero not

meer leven zonder zich te breken uit zijn
(any)more live without himself to break out (of) his

schande en schaamte; met Adelaert, zijn broeder,
disgrace and shame with Adelaert his brother

die Lodewijk had geslagen, ging hij in de zaal. Ze
who Louis had beaten went he in the hall They
who had been beaten by Lodewijk

hadden een mantel om, en in hun hand droegen
had a cloak around and in their hand carried

zij het ontblootte koude zwaard. Keizer
they the bared cold sword Emperor

Karel stond bij zijn zoon, en Reinout en
Charles stood next to his son and Reinout and

Adelaert liepen door de menigte, tot ze bij hen
Adelaert walked through the crowd until they by them
with

waren. Zij groetten de keizer, doch Reinout
were They greeted the emperor however Reinout

greep koning Lodewijk bij het hoofd, en hij sloeg
grabbed king Louis by the head and he struck
cut

het af, om het tegen de muur te werpen. Het
it off for it against the wall to throw It

spatte bloed, dat tegen het gelaat van de keizer
spattered blood that against the face of the emperor

aansloeg, druppels bloed.
on-hit drops (of) blood
splashed

De keizer werd zeer vertoornd en riep:
The emperor became very filled with wrath and called out

"Edele baronnen die mij liefhebben, help mij de
Noble barons who me dear-have help me the
love

dood van mijn zoon wreken."
death of my son to revenge

Toen stonden alle baronnen op, en ze wapenden
Then stood all barons up and they armed

zich. Er was een groot gevecht, waarin
themselves There was a great battle where-in

Aymijn gevangen werd genomen. Maar Reinout en
Aymon imprisoned became taken But Reinout and
as prisoner was

zijn broers vluchtten op het ros Beyaert, en zij
his brothers fled on the steed Beyaert and they

ontsnapten aan de toorn van de koning, tot waar
escaped -on- the wrath of the king to where

zijn hand niet reiken kon. Echter een banneling
his hand not reach could However a banished person

is niet gelukkig, want men onthoudt hem zijn
is not happy because one keeps from him his

recht.
right

Zij reden op het trouwe, sterke ros Beyaert, dat
They rode on the faithful strong steed Beyaert that

hen droeg van land tot land, en Beyaert was ook
them carried from land to land and Beyaert was also

een ridder, hij werd gewond, als de broers
a knight he was wounded when the brothers

gewond waren. Eindelijk kwamen ze in 't land
wounded were Finally came they in the land

van koning Iewijn, en nadat ze deze vier jaren
of king Ewan and after they this one four years

hadden gediend in nood en dood, schonk hun de
had served in need and death gifted them the

edele vorst een rots, waarop Reinout
noble monarch a rock where-on Reinout
                                    on which

een kasteel liet bouwen, dik van muren en met
a castle let build thick of walls and with
          had a castle built

sterke torens. Hij noemde het Montalbaen. Koning
strong towers He called it Montalbaen King

Iewijn gaf Reinout zijn dochter tot vrouw. Clarisse
Ewan give Reinout his daughter to wife Clarisse

was de naam van deze schone maagd.
was the name of this beautiful maiden

Keizer Karel was nog zeer vertoornd over de
Emperor Charles was still very angry about the

dood van Lodewijk, zijn zoon, en hij zond koning
death of Louis his son and he sent King

Iewijn een brief. Wat er in die brief stond, kan
Ewan a letter What there in that letter stood can

men makkelijk raden: dat de keizer boos was op
one easily guess that the emperor angry was on

de koning, daar hij de Heemskinderen land had
the king there he the Home-children land had
Children of Aymon

gegeven en hun grote eer had bewezen.
given and them great honor had proved
done

Hij deed in 't land rijzen een groot leger, en hij
He did in the land erect a large army and he

sloeg het beleg voor Montalbaen, Reinout's
struck the siege before Montalbaen Reinout's

veste. Doch hij kon de vier Heemskinderen
stronghold However he could the four Homes-children
                                          Aymon's children

niet te pakken krijgen, en na een jaar moest hij
not to pakken get and after a year must he
        in his grasp

wegtrekken, weinig tot zijn eer.
pull out little to his honor

Reinout's hart verlangde ernaar, zijn moeder weer
Renout's heart longed to it his mother again

te zien, en hij zei dit tegen Adelaert, die
to see and he said this to Adelaert who

verstandig was als raadsman.
sensible was as counselor

"Wat wilt u!" riep deze toen, "weet u niet,
What want you called out this one then know you not

dat vader en moeder voor Karel uw dood
that father and mother before Charles your death

hebben gezworen?"
have   sworn

"Broeder! nee, dit geloof ik niet, want de ouders
Brother no this believe I not because the parents

hebben natuurlijk hun kinderen lief; daarom,
have of course their children dear therefore

het gaat, als het gaat, ik wil moeder weerzien."
it goes as it goes I want mother again-see
it will go

De broers overvielen de pelgrims, die naar
The brothers ambushed the pelgrims who to

Jeruzalem waren geweest, en zij gingen in
Jeruzalem were been and they went in
had

pelgrimspijen naar het slot Pierlepont, waar
pilgrims' cowls to the castle Pierlepont where

Aymijn woonde. Zij vonden het gesloten en zij
Aymon lived They found it closed and they

klopten aan. De portier kwam, en hij vroeg:
knocked -on- The gatekeeper came and he asked

"Wat is uw wens?" Reinout antwoordde met oude
What is your wish Reinout answered with old

stem:
voice

"Vriend! laat ons binnentreden in het slot
Friend let us inside-step in the castle

Pierlepont, vier pelgrims zijn wij, die hebben
Pierlepont four pilgrims are we who have

gezworven van stad tot stad en land tot land; we
roamed from city to city and land to land we

hebben zulk een honger en dorst, wij bidden en
have such a hunger and thirst we pray and

smeken u, laat ons binnen."
beg you let us inside

Heilige woorden zei Reinout en de portier liet
Holy words said Reinout and the gatekeeper let

hen, deze horende, binnen. De vier Heemskinderen
them these hearing inside The four Home-children

traden in de zaal, en daar zat hun moeder. En
stepped into the hall and there sat their mother And

allen zeiden: "Vrouwe, God geve u een goede
all said Lady God give you a good

dag."
day

Dit zei de vrouwe, Aye, de moeder van Ritsaert
This said the lady Aye the mother of Ritsaert

en Writsaert, Adelaert en Reinout: "God belone 't
and Writsaert Adelaert and Reinout God reward it

u, pelgrims."
you pilgrims

Zij gaf hun te eten en te drinken. Zij schonk
She gave them to eat and to drink She poured

goede wijn, en Reinout ledigde twee schalen, en
good wine and Reinout emptied two bowls and

de vrouwe was verwonderd. Zij sprak: "Vanwaar
the lady was surprised She spoke from where

bent u gekomen, pelgrim, dat u de sterke wijn
are you come pilgrim that you the strong wine
have

zo drinkt? Tien ridders drinken niet zoveel als u
so drink Ten knights drink not so much as you

alleen."
alone

Reinout antwoordde haar. "Geeft mij nog eens van
Reinout answered her Give me still once of
some more of

de wijn, wilt u?"
the wine will you

Nadat hij de derde schaal had geledigd - de
After that he the third bowl had emptied the

schalen waren van goud - riep hij uit, dronken:
bowls were of gold called he out drunk

"Vrouwe, ik wilde, dat ik meer had, want had ik
Lady I wanted that I more had because had I

nog een schaal, mijn oom Karel zou ik niet
still a bowl my uncle Charles would I not

ontzien."
spare

Adelaert, uitmuntende in verstand, schrok van
Adelaert excelling in sense frightened of

deze woorden, en hij stootte Reinout met de
these words and he bumped Reinout with the

elleboog aan, zodat deze ter aarde viel, en hij
elbow -on- so that this one on the ground fell and he

bleef liggen, gelijk een dode: ja, zo dronken
remained lying like a dead person yes so drunk

was hij.
was he

Maar wie ter wereld was gelukkiger dan Aye, de
But who on the world was more happy than Aye the

moeder? Zij nam Reinout in haar armen, ze kuste
mother She took Reinout in her arms she kissed

hem, ze kuste hem, gelukkiger dan ooit een
him she kissed him happier than ever a

levend mens wezen kan; men meende, dat ze
living human be can one thought that she

sterven zou van vreugde. Adelaert, de wijste van
die would of happiness Adelaert the most wise of

de broers, nam haar in zijn armen en voerde haar
the brothers took her in his arms and led her

van Reinout weg.
from Reinout away

Een spion naderde thans vrouw Aye, en hij zei:
A spy approached now lady Aye and he said

"Vangt Reinout, en levert hem over aan keizer
Catch Reinout and deliver him -over- to emperor

Karel, want aldus heeft u gezworen." Maar
Charles because thus have you sworn But

vrouwe Aye antwoordde hem:
lady Aye answered him

"Mijn hart kan mijn kinderen geen kwaad doen:
My heart can my children no harm do

noch om het leven noch om de dood zou ik
neither for the life nor for the death would I

mijn kinderen verraden."
my children betray

Ook Aymijn vernam, dat zijn zonen in de zaal
Also Aymon heard that his sons in the hall

waren, en hij deed zijn baronnen zich
were and he did his barons themselves
made

wapenen. Reinout lag ter aarde, dronken van de
arm Reinout lay on the ground drunk of the

wijn, en Ritsaert en Writsaert en Adelaert stelden
wine and Ritsaert and Writsaert and Adelaert put

zich te weer, twee dagen lang. En Reinout lag
themselves to defend two days long And Reinout lay

ter aarde; toen de derde dag kwam, ontwaakte
on the earth when the third day came woke up

hij, en hij zag zijn broers strijden.
he and he saw his brothers battling

Hij verhief zich en sprak: "Broeders, ga maar
He rose himself and spoke Brothers go just

achter mij staan, jullie zijn moe geworden, jullie
behind me stand you are tired become your
                      have

slagen zijn te zwak."
blows are too weak

Reinout sloeg met zijn zwaard om zich heen,
Reinout struck with his sword around himself away

en men vreesde hem als de dood zelve. Reinout
and one feared him as the death itself Reinout

doorbrak de schare, tot hij bij zijn vader was,
broke through the crowd until he with his father was
              army

en hij wilde hem met het zwaard verslaan.
and he wanted him with the sword conquer

Adelaert volgde hem, en hield hem tegen.
Adelaert followed him and held him against
                          stopped him

"Broeder," zei hij verstandig,
Brother said he sensible

"wilt u onze vader doden? Nooit zouden wij de
want you our father to kill Never would we the
do you want to kill our father

schande te boven komen, noch voor God
disgrace to up come neither for God
overcome

verzoenen, noch ooit op bezoek kunnen
reconcile (ourselves) nor ever on visit be able

komen bij een edelman; en Karel zou ons
to come to a noble and Charles would us

nimmer vergiffenis schenken!"
never mercy give

Reinout echter zei: "Voorzeker, ik zal hem leren
Reinout however said For sure I will him teach

zijn kinderen te belagen."
his children to attack

Hij bond zijn vader handen en voeten en hing
He bound his father hands and feet and hung

hem over de rug van een paard. Een jongeling
him over the back of a horse A young man

kwam voorbij, en Reinout beval hem Aymijn naar
came past and Reinout ordered him Aymon to
passed

keizer Karel te brengen. De jongeling weigerde,
emperor Charles to bring The young refused

en de edele ridder sloeg hem een hand en een
and the noble knight struck him a hand and an
cut

oor af, en stak hem een oog uit. De jongeling
ear off and stuck him an eye out The young man
cut

had slechts één hand, één oor en één oog over,
had only one hand one ear and one eye left

en hij werd bang voor verder verlies. Dus bracht
and he became afraid for further loss So brought

hij Aymijn naar Karel, en onderweg vervloekte hij
he Aymon to Charles and on the way cursed he

Reinout aan één stuk door.
Reinout on one piece through
continuously

Ze kwamen in Parijs, aan Karel's hof; de knaap
They came in Paris on Charles' court the boy

klopte aan de poort, en de portier opende, en
knocked on the gate and the gatekeeper opened and

hij vroeg: "Waar komt u vandaan? Wie heeft u
he asked Where come you hence Who have you

daar gevangen?"
there imprisoned

"Het is de graaf Aymijn van Nerboen."
It is the count Aymon of Narbonne

De portier liet het paard doorrijden, tot in
The gatekeeper let the horse ride on up to inside

de zaal. En Aymijn was aan handen en voeten
the hall And Aymon was on hands and feet

gebonden. Hij klaagde de keizer zijn nood, en
bound He complained (to) the emperor his need and

Karel maakte zich op met een geweldig leger,
Charles made himself up with an enormous army
prepared himself

om de Heemskinderen te belagen.
for the Home-children to attack

Reinout ontvluchtte, en Ritsaert en Writsaert en
Reinout escaped and Ritsaert and Writsaert and

Adelaert werden gevangen. Niet met geld, dat
Adelaert became imprisoned Not with money that

Reinout beloofde, niet met geweld, waarmede
Reinout promised not with violence with which

Reinout dreigde, werden ze bevrijd; nee, door de
Reinout threatened were they freed no by the

tovenarij van hun oom Malagijs.
magic of their uncle Malagijs

Met list trachtte nu de keizer Beyaert en
With trickery tried now the emperor Beyaert and

Reinout te vangen, en 't lukte niet. Hij beloofde
Reinout to catch and it succeeded not He promised

koning Iewijn veel goud, en de koning
king Ewan much gold and the king

hield erg van goud. Voor het goud zei
held very much -of- gold For the gold said
(houden van: love)

hij, dat hij Reinout en zijn broers zou uitleveren,
he that he Reinout and his brothers would deliver

en hij wilde hen verkopen voor twintigduizend
and he wanted them to sell for twenty thousand
he wanted to sell them

kronen.
crowns

Daarom ging koning Iewijn met spoed naar
Therefore went king Ewan with haste to

Montalbaen, en hij zei: "Ik heb vrede gemaakt
Montalbaen and he said I have peace made

tussen Karel en u."
between Charles and you

"Heer koning! Hier ben ik blij om, maar zeg mij,
Lord king Here am I glad about but say me

wat moet ik de keizer geven? Zal ik hem te
what must I the emperor give Shall I him to
for him on

voet vallen?"
foot fall
the knees

"Ga naar Vaucoloen, om uzelf met de keizer te
Go to Vaucoloen for yourself with the emperor to

verzoenen. Ga blootsvoets erheen."
reconcile Go barefoot there-to

Reinout wilde hem kussen, want hij was dankbaar
Reinout wanted him to kiss because he was thankful
to kiss him

en gelukkig. Maar al verkocht de koning
and happy But even though sold the king

hem voor twintigduizend kronen, hij wilde de kus
him for twenty thousand crowns he wanted the kiss

niet ontvangen, zozeer schaamde hij zich voor
not receive so much shamed he himself for
was he ashamed

zijn daad.
his deed

"Reinout, kus mij niet, want mijn hoofd doet mij
Reinout kiss me not because my head does me

pijn."
ache

De vier ridders reden op muilezelen naar
The four knights rode on mules to

Vaucoloen, en koning Iewijn meende, dat ze
Vaucoloen and king Ewan believed that they

ongewapend waren.
unarmed were

Wat had Reinout's vrouw, Iewijn's dochter, gedaan?
What had Reinout's wife Ewan's daughter done

De mooie Clarisse... Ze had Ritsaert vier zwaarden
The beautiful Clarisse She had Ritsaert four swords

gegeven, die hij heimelijk onder zijn mantel
given which he secretly under his cloak

verborg.
hid

Ze kwamen te Vaucoloen en ze zagen veel
They came to Vaucoloen and they saw much

krijgsvolk.
war-folk
soldiers

Toen waren de broers erg bedroefd, en ze
Then were the brothers very disappointed and they

zeiden: "Reinout, laten wij vluchten, want koning
said Reinout let we flee because king
us

Iewijn heeft ons verraden."
Ewan has us betrayed

Ritsaert gaf Reinout het goede zwaard, dat
Ritsaert gave Reinout the good sword that

Florenberg heette, en ze streden met veel
Florenberg was named and they fought with much

moed. Doch een dienaar van Reinout zag in de
courage However a servant of Reinout saw in the

sterren, welk gevaar de broers liepen, en hij zei
stars which danger the brothers walked and he told
were in

het tegen de tovenaar Malagijs: deze reed op
it to the wizard Malagijs this (one) rode on

het ros Beyaert tot redding. En het trouwe
the steed Beyaert to (the) rescue And the faithful

paard hielp mee om hen te bevrijden, net als een
horse helped along for them to free just like a
also helped

ridder zou doen.
knight would do

Er volgde nog veel strijd tussen de keizer en
There followed still much battle between the emperor and

de broers, tot vrouwe Aye in de legerplaats trad,
the brothers until lady Aye in the army-place stepped
army camp

en ze viel voor haar broer op de knieën,
and she fell before her brother on the knees

smekende om verzoening. En Karel zei: "Als
begging for reconciliation And Charles said If

Reinout mij Beyaert levert, en ik kan doen wat ik
Reinout me Beyaert delivers and I can do what I
hands over

wil met Beyaert, die hen uit zulke grote gevaren
want with Beyaert who them from such great dangers

heeft gered, dan schenk ik hem vergiffenis
has rescued then grant I him mercy

en anders niet."
and otherwise not

Toen ging de vrouw tot aan het slot Montelbaen,
Then went the lady until to the castle Montelbaen
up to

en ze klopte aan de poort, en men liet haar
and she knocked on the gate and one let her
they

binnenkomen. Zij kwam met een tijding van
come in She came with a message of

vreugde, en onder deze vreugde klonk doffe
joy and under this joy sounded (a) dull

smart; zij kwam met een tijding van smart, en
anguish she came with a message of pain and

daaronder tinkte een belletje van vreugde.
there-under tinked a little bell of joy
under it

Hun moeder zei tot Reinout, wat keizer Karel
Their mother said to Reinout what emperor Charles

had bevolen, en Adelaert riep toornig tot
had ordered and Adelaert called out angrily to

Reinout, die het weer vertelde aan zijn broers:
Reinout who it again told to his brothers

"Hoe durft u met zoiets voor ons te
How dare you with something like this before us to

verschijnen? Bent u buiten uw zinnen? Liever
appear Are you out (of) your senses Rather
mind

duld ik onvrede met de keizer, mijn leven lang,
tolerate I un-peace with the emperor my life long
war my whole life

voor ik dat deed." De broers Ritsaert en Writsaert
before I that did The brothers Ritsaert and Writsaert

spraken op dezelfde toon.
spoke on the same tone
in

Reinout keek hen aan en sprak: "Het was een
Reinout looked them at and spoke It was a
looked at them

zegen om Beyaert te winnen; door Beyaert zal
blessing to Beyaert to win through Beyaert shall

ik onze schuld inlossen en zullen we het grote
I our debt redeem and shall we the great

gevaar ontgaan. Ik zal hem Beyaert geven."
danger evade I shall him Beyaert give

Hij ging naar zijn moeder, en niemand zag zijn
He went to his mother and no one saw his

leed. Hij zei haar, dat hij het paard graag aan
suffering He told her that he the horse very much to

de keizer wilde geven. Zij was blij, en ze
the emperor wanted to give She was happy and she

vertrok weer, om haar bodedienst voor de
left again for her messenger service for the

keizer te verrichten.
emperor to fulfill

Karel wachtte en wachtte op het ros Beyaert, en
Charles waited and waited on/for the steed Beyaert and

al wachtende sprak hij: "Zij doen het tegen hun
all while waiting spoke he They do it against their

wil, want zij wachten zeer lang."
will because they wait very long

Eindelijk kwamen Reinout en zijn broeders, hand
Finally came Reinout and his brothers hand

in hand, en met hen voerden ze het paard.
in hand and with them led they the horse

Reinout zeide: "Doet er mee wat u wilt."
Reinout said Do there with what you want
with it

De keizer leidde het ros naar de brug van de
The emperor led the steed to the bridge of the

Oise en hij liet het twee molenstenen
Oise and he let it two millstones
had

om zijn nek doen. Toen liet hij het paard in de
around its neck do Then let he the horse in the
put around its neck had

rivier werpen. Hoog spatte het schuim, en Beyaert
river throw(n) High splashed the foam and Beyaert

zonk; hij kwam dadelijk weer boven en ging
sank he came soon again up and went
started

zwemmen. Toen zag Beyaert zijn meester, en hij
to swim Then saw Beyaert his master and he

verbrak de stenen. Hij zwom naar het land, waar
broke the stones He swam to the land where
bank

Reinout stond.
Reinout stood

De keizer beval: "Reinout, geef mij Beyaert weer,
The emperor ordered Reinout give me Beyaert again

of ik zal u laten vangen."
or I shall you let catch

Reinout gaf Beyaert, en de keizer deed aan
Reinout gave Beyaert and the emperor did on
had

iedere hoef van Beyaert een molensteen binden,
each hoof of Beyaert a millstone bind

en met twee bezwaarde hij diens nek. Hij liet het
and with two weighed down he its neck He let the
had

paard weer in de rivier werpen. Het schuim
horse again in the river throw(n) The foam

spatte hoog op en Beyaert zonk; hij kwam weer
splashed high up and Beyaert sank he came again

boven en ging zwemmen. Adelaert sloeg zijn
up and went to swim Adelaert struck his
started

armen om Beyaert en kuste hem.
arms around Beyaert and kissed him

De keizer beval: "Reinout, geef mij Beyaert weer,
The emperor ordered Reinout give me Beyaert again

of ik zal u laten vangen en ophangen."
or I shall you let capture(d) and hang(ed)
have

Adelaert zeide: "U bent vervloekt Reinout, als u
Adelaert said You are cursed Reinout if you

Beyaert weggeeft."
Beyaert away give

Maar Reinout zei: "Ik wil niet de woede van de
But Reinout said I want not the anger of the

keizer op mijn hals halen voor een paard."
emperor on my neck get for a horse

En Adelaert zei weer: "Beyaert! Beyaert! een valse
And Adelaert said again Beyaert Beyaert a false

heer hebt u gediend en met slecht loon wordt
lord have you served and with bad pay become
are

u betaald."
you paid

Reinout gaf Beyaert aan de keizer. "Dit is de
Reinout gave Beyaert to the emperor This is the

derde maal, dat ik u Beyaert geef, en het is ook
third time that I you Beyaert give and it is also

de laatste maal, want mijn hart kan het niet
the last time because my heart can it not

lijden."
suffer

De keizer zei: "Reinout, draait u zich niet
The emperor said Reinout turn you yourself not

om, zo kan het ros u niet zien. Want zolang
around so can the steed you not see Because as long

het u ziet, zal het niet sterven."
it you sees will it not die

Reinout zwoer een eed, dat hij zich niet zou
Reinout swore an oath that he himself not would

omwenden.
turn around

Toen liet de keizer Beyaert aan elke hoef twee
Then let the emperor Beyaert to each hoof two
    had

grote molenstenen binden, en aan de nek twee,
large millstones bind and to the neck two
        bound

en zo liet hij hem in de rivier werpen.
and so let he him in the river throw
    had

Nog één keer kwam Beyaert boven, en de kop
Still one time came Beyaert up and the head

hief hij hoog, en boog tot zijn heer, als was hij
lifted he high and bowed to his lord as was he

een mens, die bedroefd was om zijn lieve vriend.
a human who sad was for his dear friend

En eindelijk zonk hij, en hij verdronk. En Reinout
And finally sank he and he drowned and Reinout

huilde, en hij trok naar het woeste woud, en hij
cried and he pulled to the wild forest and he
left

werd een pelgrim.
became a pilgrim